HEYNE ‹

W0039502

Günther Willen, 1954 in Löningen geboren, begann seine Karriere als Kalauerjäger und Sprüchesammler. 2008 erschien sein Bestseller *Niveau ist keine Hautcreme*. Er war Redakteur beim Humormagazin *Kowalski* und schreibt für *Titanic, taz* und die Katz. Er gab das *Lexikon des lebensverlängernden Lebens* heraus und lebt als Autor und Bibliothekar in Oldenburg. Zuletzt veröffentlichte er *Das große Buch der kleinen Männer*. Mag den Lubitsch-Touch und hasst Rosenkohl, würde das aber nicht hochsterilisieren.

Günther Willen

Füße hoch, das Niveau steigt

Schlagfertige Sprüche & faule Ausreden
für jede Gelegenheit

WILHELM HEYNE VERLAG
MÜNCHEN

Verlagsgruppe Random House FSC® N001967
Das für dieses Buch verwendete FSC®-zertifizierte Papier
Holmen Book Cream liefert Holmen Paper, Hallstavik, Schweden.

Originalausgabe 11/2013

© 2013 by Wilhelm Heyne Verlag, München,
in der Verlagsgruppe Random House GmbH
Umschlaggestaltung: Büro Überland, Schober & Höntzsch
Redaktion: Thomas Bertram
Satz: Uhl + Massopust, Aalen
Druck und Bindung: GGP Media GmbH, Pößneck
Printed in Germany 2013
ISBN 978-3-453-60290-8

www.heyne.de

Für Hinz und Kunz

»Eine gute Ausrede ist drei Batzen wert.«
(Deutsches Sprichwort)

»Ein guter Abgang ziert die Übung.«
(Kunstturner-Weisheit)

»Schlagfertigkeit ist etwas, auf das man
erst 24 Stunden später kommt.«
(Mark Twain)

Großes Inhaltsverzeichnis

Vorrede

Donnerstagmorgen. Zehn Uhr. Eigentlich sollte ich ja längst im Büro sein, aber ich finde einfach nicht die Zeit. Irgendwas ist immer, und ich komme zu gar nichts mehr... oh, ein Fussel. Ich meine, das kennt jeder: Man kommt zu spät ins Büro oder zur eigenen Beerdigung, man vergisst den Muttertag oder den runden Geburtstag von Oma Bielefeld, man verschusselt einen Gerichtstermin, ein Rendezvous oder den Hochzeitstag, man verschwitzt das Coolness-Training, den Termin für die Klausur und beim Urologen, man versäumt es, die Steuererklärung fürs letzte Jahr und den Lottoschein mit sechs Richtigen und Superzahl rechtzeitig abzugeben, man hat total »vergessen«, beim Umzug eines Bekannten zu helfen oder die Mahngebühren ans Inkassoteam Übel & Gefährlich zu überweisen, man hat null Bock auf Sockenball, Motto-Party oder Klassentreffen, und hey – vor allem hat man keine Lust, stundenlang Schrauben zu sortieren, eine Wand zu streichen, den Keller auszumisten, das Zimmer aufzuräumen, das Auto zu waschen, die Regenrinne zu reinigen oder die Blumen des Nachbarn zu gießen oder Urlaubsdias zu gucken. Und im Fernsehen als Gast in einer Talkshow auftreten – ei, der Wahnsinn. Lieber zehn Jahre nichts zu Weihnachten. Und am liebsten würde man auch die Hochzeit abblasen, obwohl man in der Kirche vor dem Altar steht und die Gäste schon eingeladen sind, aber man traut sich einfach nicht. Und wie drückt man sich erfolgreich vor einem Skat- und Knobelabend in der Gaststätte »Zur scharfen Ecke«? Geht's besser so – oder besser so? Anders gefragt: Wie, um Himmels willen, zieht man sich am besten aus der Affäre? Durch Notlügen, pardon: Ausreden natürlich. Nichts als Ausreden. Und je lustiger, desto besser, denn wir brauchen mehr Humor und was zum Lachen. Klar ist auf jeden Fall: Ausreden sind lebensnotwendig. Sie gehören zu den wichtigsten psychologischen Verteidigungsmechanismen, wie amerikanische Forscher herausgefunden haben. Klitzekleiner Haken: Leider fällt einem das richtige Bonmot erst hinterher ein, wenn der Käse längst gegessen ist. Oder wie es der reife F. W. Bernstein schon vor langer Zeit formuliert hat: »Nach Tische ist man immer klüger.« Im Französischen gibt es hierfür den treffenden Begriff *l'esprit de l'escalier*, was so viel bedeutet wie »was einem hinterher auf der Treppe einfällt«.

Apropos französisch: Unser Vorbild ist der französische Schriftsteller Marcel Proust, dem wir das Meisterwerk *Auf der Suche nach der verlorenen Zeit* zu verdanken haben. Die Einladungen von Madame Lemaître zu ihren Soiréen nahm er selten wahr und schickte in der Regel ein Absagebriefchen mit dem P.S. »Ausrede wird nachgereicht«. Dieser Proust! Hoch soll er leben, hoch soll er leben, dreimal hoch! – Eigentlich sollte an dieser Stelle ein Posaunenchor spielen ...

Seien wir doch ehrlich: Ohne Ausreden würde nichts gehen und die Welt im Chaos versinken. Ohne Ausreden könnten wir einpacken. Ohne Ausreden säßen wir wahrscheinlich noch auf den Bäumen oder würden uns auf den Abendgesellschaften von Madame Lemaître langweilen. Ich übertreibe sicher nicht, wenn ich behaupte, dass das ganze Leben eine Ausrede ist. Lange Vorrede, kurzer Sinn: Gute Ausreden kann man nicht genug kennen. Deshalb dieses Buch. Es ist in mehrere Kapitel gegliedert und will in erster Linie ein praktischer Helfer sein, der faule Ausreden und gewitzte Antworten für alle Lebenslagen bietet und gleichzeitig dem Leser die nötige Sicherheit in brenzligen Situationen gibt. Eigentlich eine, wie ich finde, ziemlich feine Sache.

Zeit für eine erste Zwischenbilanz: Es geht in diesem Ratgeber um Schlagfertigkeit und die hohe Kunst, das letzte Wort zu haben, so viel ist sicher. Wer schlagfertig ist, hat alles im Griff und garantiert immer das letzte Wort, basta. Es ist, wie gesagt, nur schade, dass einem die perfekten Antworten immer zu spät einfallen – man steht da wie kalt gewordene Bratkartoffeln. Damit ist jetzt Schluss! Das lassen wir uns nicht mehr bieten! Ab sofort wird hart und humorvoll zurückgeschlagen und Kontra gegeben – und zwar nicht zu knapp. Dafür ist dieses Buch da. Hier finden Sie den passenden Spruch, um sich selbst aus den ungünstigsten Positionen herauszureden, wie zum Beispiel aus einem Banksafe. Um mit Ror Wolf, dem großen Sprachartisten und Meister der grotesken Komik, zu reden: »Ein guter Satz nützt nur dann etwas, wenn man ihn im richtigen Augenblick zur Verfügung hat.« Das stimmt. Mit dem vorliegenden Buch können Sie Ihre Schlagfertigkeit ganz beträchtlich verbessern und jede Situation souverän meistern. Wenn Sie schlagfertig sind, lassen Sie sich nicht mehr die Butter vom Brot nehmen und können jeden Angriff relativ leicht parieren. Die Leute werden vielleicht Augen machen. So können Sie durch eine einzige geistreiche Bemerkung Kritikern, Kollegen und Klugscheißern schnell und effektiv den Wind aus den Segeln nehmen. Dank Ihrer Schlagfertigkeit haben Sie immer Oberwasser und die Lacher auf Ihrer Seite. Was will man mehr.

Bevor wir nun ans Eingemachte gehen, möchte ich noch eines klarstellen... Oh! Mist, verdammter! Ich habe mir gerade einen Becher Kaffee über meine Tastatur gekippt... jetzt zuckt ein blauer Blitz über den Monitor... und da kommt Qualm aus dem Rechner... na denn Proust... Muss schließen, da der Computer wahrsch...

Oldenburg i.O., im September 2013

Günter Willen

(nach Vorrede verreist)

1. Das Wichtigste in Kürze

Das Wichtigste

1. Das wusste ich nicht.
2. Das hat mir keiner gesagt.
3. Ich dachte, das wäre nicht wichtig.
4. Bin ich noch nicht dazu gekommen.
5. Ich wurde durch eine besondere Verquickung der Umstände daran gehindert.
6. So etwas ist mir noch nie passiert.
7. Sorry, ich bin busy.
8. Die Bahnschranke war unten.
9. Die Straßenbahn hat sich verfahren.
10. Der Scheck ist unterwegs.
11. Das Geld ist überwiesen.
12. Der Akku vom Handy war leer.
13. Wir hatten Stromausfall.

Das Allerwichtigste

1. Mein Wecker war kaputt.
2. Das Auto sprang nicht an.
3. Ich hatte Gegenwind.
4. Ich hatte in letzter Zeit leider viel um die Ohren.
5. Ich hab mein Portemonnaie vergessen.
6. Ich hab Rücken.
7. Ich bin im Taxi eingeschlafen.
8. Beide Bahnschranken waren unten.

9. Die U-Bahn hat sich verfahren.
10. Aus irgendeinem Grund bin ich nicht dazu gekommen.
11. Ich hatte eine wichtige Verabredung.
12. Ich hatte Kreislaufstörungen.
13. Die Katze bekam Junge.

Redewendungen, wenn eine Ausrede nicht überzeugend ist

1. Das sagt man immer, wenn die Bratkartoffeln angebrannt sind.
2. Das ist zu rund für meinen eckigen Kopf.
3. Da ist der Wurm drin.
4. Daher pisst der Schwan.
5. Füße hoch, das Niveau steigt.
6. Und im Himmel ist Jahrmarkt.
7. Ja, nee, is klar.

Das Allerallerwichtigste

1. Ich hatte zu tun.
2. Ich hatte keine Zeit.
3. Ich hatte einen Nervenzusammenbruch.
4. Ich hatte Besseres zu tun.
5. Ich konnte meine Schlüssel nicht finden.
6. Bin leider in einen Stau geraten.
7. Die Sterne standen ungünstig.
8. Die Cäcilienbrücke war oben.
9. Das haben wir noch nie so gemacht.
10. Die anderen machen das doch auch so.

11. Das hat mir keiner beigebracht.
12. Das ist heute nicht mein Tag.
13. Der Hund kam nicht zurück.

Willi kommt spät nach Hause.
Seine Frau: »Welche Ausrede hast du denn
heute?«
»Keine!«
»So? Und das soll ich dir glauben?«

Das Allerallerallerwichtigste

1. Ich war's nicht!
2. Der Karnickel hat angefangen.
3. Ich kann mich an nichts mehr erinnern.
4. Ich hab's doch nur gut gemeint.
5. Ich will doch nur dein Bestes.
6. Ich kann nicht, wenn die Katze zuschaut.
   (Stefan Schwarz)
7. Ich liebe dich.

2. Zwischenmenschliches und Manierliches

Antworten auf: »Lange nicht gesehen!«

1. Nicht lange genug.
2. Und doch wiedererkannt!
3. O du himmelblauer See!
4. Du hier und nicht in Hollywood?
5. Lebst du auch noch?
6. Ich habe dich schon lange nicht mehr vermisst.
7. Wenn ich dich sehe, fällt mir ein, dass ich ja noch den Müll runtertragen muss.

Antworten auf die Frage: »Bist Du nicht [Ihr Name]?«

1. Wer sonst?
2. Wer, zum Teufel, sollte ich sonst sein?
3. Nein, aber mit dem Arschloch werde ich oft verwechselt.
4. Nein, ich bin Knecht Ruprecht, der nachsehen will, ob für Weihnachten alles okay ist.
5. Ihr Personengedächtnis ist wirklich verblüffend.

Antworten auf die Frage: »Habe ich dein Gesicht nicht schon mal woanders gesehen?«

1. Nein, das trage ich eigentlich immer an derselben Stelle.
2. Nein, das glaube ich nicht. Man vergisst mich nicht.
3. Nur in Deinen Träumen – und so wird es auch bleiben!
4. Ja, und genau deshalb gehe ich da auch nicht mehr hin.
5. Leih mir mal dein Gesicht. Ich will meinen Kindern einen Schrecken einjagen.

Lockere Fragen nach dem Befinden

1. Alles Roger in Kambodscha?
2. Alles cool in Kabul?
3. Alles clean in Wien?
4. Alles im Lot auf'm Boot?
5. Alles in Butter auf'm Kutter?
6. Alles klar auf'm Basar?
7. Alles glatt in Islamabad?
8. Alles fresh in Bangladesch?
9. Alles easy in Brindisi?
10. Alles fit in Moabit?
11. Alles in Dortmund?
12. Alles klärchen?

Antworten auf die Frage: »Wie geht's?«

1. Bis eben ging's noch.
2. Danke, auch schlecht.
3. Schlecht, mit leichter Tendenz zur Verzweiflung.
4. Könnte nicht besser sein.
5. Noch etwas besser, und es wäre nicht mehr auszuhalten.
6. Immer noch auf zwei Beinen.
7. Auswärts geht's noch.
8. Gestern ging's noch, heut noch nicht probiert.
9. Alles paletti.
10. Keine Ahnung, ist mir auch schnurzpiepegal.
11. Wie soll es schlechten Menschen schon gehen – gut.
12. Muss ja. Und selbst?

»Erklär mir bitte: Du bist doch mein Freund. Wie kommt's, dass du mich nie fragst, wie's mir geht?«
»Also gut: Wie geht's dir?«
»Frag mich nicht.«

Zwei Freunde treffen sich. Sagt der eine: »Na, wie geht's?« Der andere: »Ach, einmal im Monat.« Der Freund: »Nein, ich meinte, wie's zu Hause geht.« Darauf der andere. »Zu Hause? Zu Hause geht's gar nicht mehr.«

Treffen sich zwei Psychologen. Sagt der eine:
»Dir geht's gut, und wie geht's mir?«

Antworten auf die Frage: »Wie sieht's aus?«

1. Schwarz – wenn es verbrannt ist.
2. Alles im grünen Bereich.
3. Nicht schlecht, nicht gut.
4. Beschissen wäre noch geprahlt.
5. Serbisch! (*statt:* sehr beschissen!)
6. Alles gräulich und abscheulich.
7. Bescheiden.

Antworten auf: »Mensch, du siehst aber gut aus!«

1. Und *Du* erstmal!
2. Dein Wort in Gottes Gehörgang.
3. Guck erstmal in den Spiegel, bevor du mit mir redest.
4. Ich habe versucht, ohne Sex und Alkohol zu leben. Es war die schlimmste Viertelstunde meines Lebens.
5. Ich fühle mich auch gut.

Antworten auf: »Du siehst aber schlecht aus.«

1. Wenn dem so ist, liegt das allein an deinem Anblick.
2. Ich bin mir nicht sicher, ob ich das von Ihnen

hören wollte, kann aber auch nicht das Gegenteil behaupten.
3. Ich würde sagen, immer noch entschieden besser als du.
4. Danke, aber du hast es nötiger.
5. Danke, ebenso.

Wenn man sein Gegenüber mit einer anderen Person verwechselt

1. Ich glaube, dass Sie nicht Lord Blumenkohl sind, oder?
2. Sie sehen aus wie Jack Bluff, der Zwiebelfarmer.
3. Sie sehen aus wie Jimmy Glitsch, der Mann, der nichts anhatte.
4. Sie sehen aus wie Karl Naps, der Erfinder der nichtrostenden Bratkartoffeln in Tuben.
5. Bist du Blödmannski Totalnikoff?

Antworten auf: »Du wirst ja ganz rot.«

1. Welche Farbe würde dir denn besser gefallen?
2. Schön, dass es dir aufgefallen ist.
3. Ich habe einen Frosch verschluckt.
4. Ich werde rot, und dein Auge wird gleich blau.
5. Ich mache Reklame für Osram.

Antworten auf die Frage: »Was sind Sie von Beruf?«

1. Müde von Beruf.
2. Von Beruf Tochter/Sohn.
3. Stupidienrat an einer Mädchenschule.
4. Irgendwas mit Medien.
5. Das darf ich nicht verraten – Berufsgeheimnis!
6. Früher war ich Legastheniker. Nach der Rechtschreibreform wurde ich Verlagslektor.
7. Ich wäre gerne Schriftsteller geworden, wenn dieser öde Schreibkram nicht wäre. *(Tobias Inderbitzin)*
8. Früher war ich Zitronenfalter, jetzt bin ich Teddybär-Stopfer.
9. Ich bin Alkoholiker.
10. Ich bin Nassforscher.
11. Lassen Sie mich durch. Ich bin Putzfrau!

Wie man Klugscheißer auf den Pott setzt

1. Sie denken wohl, Sie sind ein Affe, und ich bin nichts?
2. Ich würde mich gerne geistig mit dir duellieren, sehe aber, du bist unbewaffnet.
3. Feier lieber Kindergeburtstag!
4. Näh dir doch einen Knopf an die Backe und häng ein Klavier dran.
5. Wenn Sie meinen, Sie können mich für dumm verkaufen, dann sind Sie bei mir genau an der richtigen Adresse.

6. Du hast schöne Zähne. Gibt's die auch in Weiß?
7. Das kannst du Frau Blaschke erzählen!
8. Setz dich mal mit dem nackten Arsch auf eine Kreissäge und sag mir dann, welcher Zahn zugestochen hat.

Antworten auf die Frage: »Was machst du denn für ein Gesicht?«

1. Wenn ich Gesichter machen könnte, hättest du ein anderes.
2. Wenn dein Gesicht in Mode kommt, lass ich mir meinen Arsch operieren.
3. Mein Arsch und dein Gesicht könnten gute Freunde sein.
4. Ich hab versucht, einen Pudding an die Wand zu nageln.
5. Ich warte darauf, dass irgendetwas Wunderbares passiert.

Antworten auf die Frage: »Sie scheinen sprachlos zu sein?«

1. Ich suche gerade nach einer empörenden Antwort.
2. Ich antworte mit einem entschiedenen Vielleicht.
3. Bisher hat das noch keiner gemerkt.
4. Da ich kein Drehbuch habe, weiß ich nicht, wovon Sie sprechen.
5. Was auch immer, du mich auch.

Wenn jemand eine feuchte Aussprache hat

1. Halt den Mund, wenn du mit mir redest.
2. Spucken ist keine Meinungsfreiheit. *(Bart Simpson)*
3. Warst du damit schon mal beim Arzt?
4. Say it, don't spray it!

Wenn jemand Mundgeruch hat

1. Bei dir ist »Hallo« schon tödlich!
2. Mach den Mund zu – die Milchzähne werden sauer.
3. Kopp zu, es zieht.
4. Mach die Mülltonne dicht!
5. Spül mal deinen Mund aus!

Wussten Sie schon …

… dass die Ausrede neben der Einrede zu den bekanntesten Redensarten unserer Hemisphäre gehört?

Antworten auf: »Ihr Hosenstall steht offen!«

1. Ich hoffe, Sie haben meinen Geschäftsführer nicht gesehen.
2. Merkwürdig, um diese Zeit ist eigentlich längst geschlossen.
3. Glück gehabt: Die Höhle ist zwar offen, aber der Löwe schläft.

4. Der Fisch schnappt nach Luft.
5. Wenn der Vogel tot ist, kann man den Käfig ruhig offen lassen.

Antworten auf doofe Fragen, deren Antwort sowieso »Ja« ist

1. Ist der Papst katholisch?
2. Hat der Papst ein Käppi auf?
3. Hat der Bär Haare am Arsch?
4. Hat der Elch ein Geweih?
5. Ist Paris eine Stadt?
6. Schneit es in Kanada?
7. Ist das Atomgewicht von Wasserstoff 1,0079?

Antworten auf doofe Fragen, deren Antwort sowieso »Nein« ist

1. Scheißt der Papst in den Wald?
2. Scheißt der Papst in seinen Hut?
3. Scheißt der Bär in eine Telefonzelle?
4. Bin ich Jesus? Hab ich Sandalen an?
5. Bin ich Jesus? Wächst mir Gras aus der Tasche?
6. Bin ich Harry Potter?
7. Bin ich Gandhi?

Antworten auf die Feststellung: »Sie haben aber X-Beine!«

1. Das liegt an den krummen Hosen.
2. Ich habe zwei linke Beine.

Mit welchen Worten Männer Frauen den Vortritt lassen

1. Alter geht vor Schönheit!
2. Ladies first, James Last!
3. Perlen vor Säue!
4. Mundgeruch vor Achselnässe!

Erwiderungen auf ein Kompliment

1. Stürz dich nicht in Unkosten!
2. Haben Sie's nicht ein bisschen kleiner?
3. Sagen wir die Hälfte.
4. Das geht runter wie Öl!
5. Ich bin gerührt wie Apfelmus.
6. Ich fühle mich gebumfiedelt.
7. Ich fühle mich geklatschbaucht.
8. Danke für die Blumenzwiebeln.
9. Danke für Obst und Südfrüchte.
10. Firma dankt – Chef bezahlt am Montag.

>*»Hab ich schon ›Danke‹ gesagt?«*
>*»Nein.«*
>*»Kommt noch!«*

Schlagfertigkeit, die – Erwiderung in Form vorsichtiger Beleidigung. Verwendet von Gentlemen mit konstitutionell bedingter Abneigung gegen Gewalt, doch starkem Beleidigungsdrang.
(aus: Ambrose Bierce, Des Teufels Wörterbuch)

Scherzhafte Bemerkungen, wenn jemand dümmer ist, als die Polizei erlaubt

1. Du bist noch dümmer als Jan Wohlers: Der konnte wenigstens noch Rad fahren.
2. Als Kind hat dir doch deine Mutter ein Kotelett umgehängt, damit wenigstens der Hund mit dir spielt.
3. Versteck dich, die Müllabfuhr kommt!
4. In zehn Minuten kommt ein Bus. Du könntest dich überfahren lassen.
5. Du bist zu blöd, um alleine aus dem Bus zu winken.
6. Du kannst nicht mal Butter schneiden, die vierzehn Tage in der Sonne gestanden hat.
7. Du bist die Stradivari unter den Arschgeigen.

Antworten auf: »Du rüttelst ganz schön stark am Ohrfeigenbaum, Alter!«

1. Da müssen schon Männer mit Bärten kommen und keine Hampelmänner.
2. Da müssen schon Männer kommen und keine ferngesteuerten Unterhosen.
3. Da müssen schon Männer kommen und keine aufgewärmten Leichen.
4. Da müssen schon Männer kommen und keine Abziehbilder.
5. Da müssen schon Maschinen kommen und keine Ersatzteile.

Antworten auf: »Ihre Manieren gefallen mir nicht.«

1. Auf Ihre bin ich auch nicht scharf.
2. Das geht in Ordnung, die will ich sowieso nicht verkaufen.
3. Ich verkaufe sie auch nicht.
4. Sie können meine Manieren kritisieren. Sie sind ja auch schlecht. Ich habe an langen Winterabenden schon manche Träne darüber vergossen. *(Philip Marlowe)*

Antworten auf: »Leck mich am Arsch!«

1. Das ist kein gutes Geschäft.
2. Dein kleiner Arsch ist schnell geleckt.
3. Erotisch oder reinigend?
4. Okay, ich kann dich am Arsch lecken, aber davon wirst du nicht sauber und ich werde nicht satt.
5. Arschlecken, rasieren – dreifuffzich!
6. Muss das gleich sein?
7. Du mich auch!

Varianten des Götz-Zitats

- Leck mich am Gatt!
- Leck mich am Loch!
- Leck mich an der Melone!
- Leck mich in der Tasche!
- Leck mich am Ärmel!

- Leck mich am Bello!
- Du kannst mich mal da lecken, wo ich keine Nase habe!
- Du kannst mich mal am Tüffel tuten.
- Du kannst mir mal an der Pupe schmatzen.
- Du kannst mir mal den Schritt shampoonieren.
- Du kannst mir mal die Rosette liebkosen.
- Du kannst mich mal am Abend besuchen.
- Du kannst mich mal, aber nach Voranmeldung.
- Du kannst mich mal kreuzweise.
- Du kannst mich mal.

Redewendungen, wenn man ein Gespräch beenden will

1. Der Drops ist gelutscht.
2. Die Birne ist geschält.
3. Klappe zu, Affe tot, Zirkus pleite.
4. Die Messe ist gelesen.
5. Nun ist Schluss im Bus.
6. Jetzt hat der Arsch Feierabend.
7. Ende der Durchsage.
8. Schluss! Aus! Amen!
9. Thema durch.
10. Jetzt ist aber Schulz!

Antworten auf die Frage: »Musst du immer das letzte Wort haben?

1. Außer der ganzen Nachbarschaft weiß es keiner.
2. Ja, das muss wohl ein Kindheitstrauma sein.
3. Nein, das tue ich freiwillig.
4. Einer muss es ja haben.
5. Wurde mir in die Wiege gelegt.
6. Das ist ein Geheimnis unter uns Pastorentöchtern.
7. Ich verstehe Sie nicht – könnten Sie freundlicherweise etwas lauter sprechen?

Scherzhafter Abschiedsgruß an eine Person

1. Tschüssikowski!
2. Bis später, Peter!
3. Bis dennsen, Frau Jensen!
4. Tschö mit Ö.
5. Bleib Alpha!
6. Bleib knusprig!
7. So long, Hongkong!
8. Hau rein, Kapelle!
9. Bleib mal geschmeidig.
10. Bleiben Sie cremig!
11. Fall nicht in den Briefkasten!
12. Komm nicht unter die Räder!
13. Stoß kein Bier um!
14. Leben Sie sowohl als auch.
15. Dass mir keine Klagen kommen.

3. Tägliches Leben

Ausreden, wenn man sich lange nicht mehr gemeldet hat

1. Mein Handy ist geklaut worden.
2. Mein Handy war in der Reinigung.
3. War auf der Suche nach mir selbst und daher vorübergehend nicht anzutreffen.
4. Ich habe Urlaub in der eigenen Hose gemacht. Es hat mich die Ersparnisse meines Lebens gekostet, aber es hat sich gelohnt.
5. Ich habe einen kleinen »Urlaub« auf Staatskosten gemacht.
6. Verpetzen Sie mich nicht. Ich bin seit Jahren das erste Mal wieder draußen.
7. Ich war auf Montage.
8. Ich war kurz Zigaretten holen.
9. Ich hätte ja geschrieben, wenn ich eine Briefmarke gehabt hätte.
10. Ich wollte dich anrufen, hab's aber vergessen.
11. Ich wollte dich gerade anrufen.
12. Hast du meine Mail nicht gekriegt?
13. Da war ein Erdbeben. Eine schreckliche Flutwelle. Es war nicht meine Schuld, ich schwöre dir!! *(Blues Brothers)*

Ausrufe, wenn man bei einer Service-Hotline ständig in der Warteschleife landet

1. Himmelherrgottsakrament!
2. Kreuzhimmelbombenhagelschockdonnerwetter!
3. Himmelherrgottsakramentkruzifixhallelujagelumpverreckts!
4. Du Sauhund, du verreckter!
5. Himmel, Arsch und Zement!
6. Es wird ein großer Arsch kommen und alles zuscheißen!
7. Lass dich zuscheißen!
8. Da schlag doch der Donner drein!

Antworten auf die Frage: »Kann ich Sie eine Minute sprechen?«

1. Das tun Sie ja bereits.
2. So fragt man die Bauern aus.
3. Hab keine Zeit. Muss dringend zur Kirche.
4. Ich muss jetzt auf die Toilette.
5. Fragen Sie mich in zehn Minuten noch mal. Ich brauche erst mal einen Kaffee.

6. Wir dürfen nicht zusammen gesehen werden. Zu gefährlich.
7. Mal sehen, was sich machen lässt. Geben Sie mir Ihre Telefonnummer.
8. Sprechen Sie in einen Sack und stellen Sie ihn mir vor die Tür.

»Kommst du an einem Briefkasten vorbei?«
»Ja, warum?«
»Lass ihn hängen. Er gehört der Post.«

Provokante Bemerkungen eines arroganten Schnösels

1. Als Gott mich schuf, wollte er angeben.
2. Ich bin nicht perfekt, aber so nahe dran, dass es mir selbst Angst macht.
3. Ich bin nicht eingebildet, ich sehe einfach nur geil aus.
4. Ist es so heiß hier drin, oder bin ich das?
5. Ich bin der größte Knaller seit dem Urknall.
6. Wenn ich hier einen Furz lasse, riecht man das in Rom.
7. Ich war Atheist, bis ich merkte, dass ich Gott bin.
8. Gibt es intelligentes Leben auf der Erde? Oder bin ich alleine hier?
9. Kann mir mal bitte jemand das Wasser reichen?
10. Ich Tarzan, du auch?

Überzeugende Formulierungen im Umgang mit einem Angeber

1. Mach nicht solchen Wind um dein kurzes Hemd.
2. Mach mal halblang.
3. Mit vollen Hosen lässt sich gut stinken.
4. Gib nicht so an wie ein Sack Sülze.
5. Wie erklärst du dir die Richtigkeit deiner Wichtigkeit?
6. Wer angibt, hat es nötig.
7. Der Bauer bleibt ein Bauer, auch wenn er schläft bis Mittag.
8. Ich hab gehört, du triffst nicht mal das Wasser, wenn du aus 'nem verdammten Boot fällst.
9. Zieh Leine, friss Klammern!
10. Friss Atommüll, Arschloch!

Kluge Fragen an einen Dummschwätzer

1. Wer hat Ihnen erlaubt, mich vollzulabern? Das dürfen nur 100-Jährige in Begleitung ihrer Eltern.
2. Du hast wohl Quackelbeeren gegessen?
3. Hast du die Wette gewonnen?
4. Ist dein Friseur in Urlaub?
5. Hast du es schon mal mit einer Therapie versucht?
6. Wo wohnt der Mann, der mir einen Schlüssel macht, der zu der Garage passt, in welcher der

Bus parkt, mit dem die Leute kommen, die das wissen wollen?

7. Und wie geht's weiter?

Fragen an einen, der sich unangebrachte Vertraulichkeiten erlaubt

1. Haben wir schon mal zusammen die Schweine gehütet?
2. Seit wann haben wir zusammen die Schulbank gedrückt?
3. Hast du schon mal bei mir die Nachttischlampe gehalten?
4. Schicken Sie mir doch einen Fragebogen, wenn meine Lebensgeschichte Sie interessiert.
5. Hab ich mit dir schon geschussert?
6. Hast du einen nassen Hut auf?
7. Aber sonst geht's danke?

Antworten auf die Frage: »He, Langer, wie ist die Luft da oben?«

1. Seltsam! Ich glaub, ich hör Stimmen!
2. Bitte? Deine Frage kam hier oben nicht an.
3. Also das ist ja mal eine witzige Frage, die hab ich ja noch nie gehört!
4. Dünn, aber noch so eine Frage, und sie wird dick.
5. Ich höre dich hier oben so schlecht.
6. O Gott!! Eine sprechende Ameise!
7. Hier stinkt es nach Zwergen.

8. Besorg dir eine Leiter und riech selbst.
9. Komm, Kleiner, geh auf der Autobahn spielen und versuch, die weißen Lichter einzufangen!
10. Eigentlich ganz gut – wenn nur nicht überall diese blöden Flugzeuge wären.
11. Einfach großartig.

Ausreden von kleinen Männern

1. Ich bin nicht klein, sondern platzsparend.
2. Ich bin nicht klein, sondern ein Konzentrat.
3. Ich bin nicht klein, sondern auf das Beste reduziert.
4. Ich bin nicht klein, sondern mittelgroß.
5. Der gute Wein liegt im kleinen Fass.
6. Etwas weniger ist mehr.
7. Klein, aber oho!
8. Beter kleen un kregel as'n groten Flegel. *(Platt-deutscher Spruch)*
9. Ich bin nicht klein, die anderen sind nur größer als ich.
10. Das nächste Mal komme ich auf Stelzen. *(Der 1,66 m große Humphrey Bogart zur 1,75 m großen Lauren Bacall in* Tote schlafen fest)

Ausreden, wenn man eine große Nase hat

1. Ich habe zweimal »Hier!« gerufen, als die Nasen verteilt wurden!
2. Es ist weniger die Größe der Nase, auf die es ankommt, sondern der Inhalt.

3. Es ist wunderbar, morgens aufzuwachen und den Kaffee zu riechen – in Brasilien.
4. An der Nase eines Mannes erkennt man seinen Johannes.

Ausreden, wenn man eine Glatze hat

1. Vögel brauchen auch einen Spiegel.
2. Die Stirn gewinnt an Höhe.
3. Wo das Gehirn wächst, müssen die Haare weichen.
4. Was vorne fehlt, ist hinten zu wenig.
5. Lieber 'ne Glatze bis an den Arsch als 'nen Arsch bis an die Glatze.
6. Glatze ist besser als gar keine Haare.
7. Mir ist die Kniescheibe auf den Kopf gerutscht.
8. Ich kann meine Glatze mit einem Schwamm frisieren.
9. Ich kann beim Haareschneiden den Hut aufbehalten.
10. Nachts sind alle Glatzen kahl.

Wenn jemand zum Friseur geht

1. Kannste meinen Kopf gleich mitnehmen.
2. Die Frisur eines Mannes sollte nicht höher sein als ein Tennisball. *(Bart Simpson)*
3. Wenn du mit einem deiner Haare die Welt retten könntest, gib es nicht her.
4. Hebe die Haare. *(statt:* Habe die Ehre)

Antworten auf: »Guck mal, ich war gerade beim Friseur!«

1. Was macht dein Friseur von Beruf?
2. Bist du nicht drangekommen?
3. Den Prozess gewinnst du.
4. Na, das wächst ja wieder.
5. Du hast die Haare schön.

Ausreden, wenn man unrasiert ist

1. Ich habe eine Wette verloren.
2. Das soll mal ein Bart werden.
3. Ich habe Fisch gegessen – die Gräten gucken raus.
4. Ich habe heute morgen mit neun Mann vor dem Spiegel gestanden und aus Versehen den falschen rasiert.

Ein Mann beim Friseur: »Rasieren, bitte!«
Darauf der Meister: »Waren Sie schon einmal bei uns?«
Der Kunde: »Nein, das Ohr habe ich bei einem Verkehrsunfall verloren.«

Wunderbar witzige Antworten auf die Frage: »Können Sie Klavier spielen?«

1. Keine Ahnung, nie probiert.
2. Ich bin etwas aus der Übung.
3. Es ist mir augenblicklich nicht momentan.

4. Ich kann nur auf einem kotzgrünen Klavier spielen.
5. Ein Klavier, ein Klavier!

Hört! Hört!

Franz Liszt wurde einmal von Freunden gebeten, das Klavierspiel einer jungen Pianistin zu beurteilen. Nach dem Vorspielen legte er väterlich seine Hand auf ihre Schulter und sagte sanft: »Liebes Kind, heiraten Sie.«

Antworten auf die Frage: »Wie alt bist du?«

1. Anfang ranzig.
2. Sechzehn Lenze!
3. Fix und vierzig!
4. Ich bin ins Schwabenalter gekommen. (*statt:* Ich bin 40 geworden)
5. Frauen nähern sich immer den 40 – zuerst von der einen Seite, dann von der anderen Seite. (*Billy Wilder*)
6. Ich bin zweimal aus dem Schneider. (*statt:* Ich bin 60)

Ausreden, wenn man in einem vollbesetzten Aufzug einen fahren lässt

1. Passiert mir sonst nie.
2. Jedes Böhnchen gibt ein Tönchen.

3. Bohnen und Linsen bringen den Arsch zum Grinsen.
4. Telegramm aus Darmstadt: Ein Waggon Wurst ist unterwegs!
5. Salomon der Weise spricht: Laute Fürze stinken nicht, aber die leisen zischen und so still dem Arsch entwischen, Mensch, vor denen hüte dich, denn die stinken fürchterlich.
6. Was will denn jetzt die Ente hier?
7. Da bin ich wohl auf einen Trompetenkäfer getreten.
8. Bis 250 Gramm ist es ein Furz.
9. Wenn man es nicht riecht oder hört, war es kein Furz.
10. Und dabei war die Wunde so schön verheilt.

Erstaunlich lässige Anrufbeantwortertexte, um lästige Anrufer loszuwerden

1. Wer? Nein, tut mir leid, da haben Sie sich verwählt.
2. Erzähl das deinem Friseur.
3. Hallo, hier Caritas, Schnürsenkelknotennotdienst, Sie wünschen?
4. Hallo, hier ist die Telefonseelsorge. Um Arbeitsüberlastung meinerseits zu vermeiden, sprechen Sie bitte Ihre Wünsche in alphabetischer Reihenfolge auf's Band.
5. Hallo, Mutter nix da, Vater nix da, ich nur sauber machen, sprechen auf Band nach Pfiffton!
6. Anrufbeantworter ist leider kaputt. Ich bin

sein Kühlschrank. Sprechen Sie bitte schön langsam, dann lege ich die Nachricht gleich ins Gefrierfach.

7. Bitte sprechen Sie jetzt. Bitte sprechen Sie jetzt. Bitte sprechen Sie jetzt. Bitte sprechen Sie jetzt...

Ausreden, um ein Telefongespräch vorzeitig zu beenden

1. Ich verstehe dich ganz schlecht.
2. Oh, mein Akku ist gleich alle.
3. Bin gerade in einem Funkloch.
4. Ich muss ganz dringend aufs Klo.
5. Der Hund muss raus.
6. Das Baby schreit.
7. Die Verbindung ist so schlecht.
8. Sorry, es klingelt auf der anderen Leitung.
9. Es hat an der Haustür geklingelt.
10. Ich habe Essen auf dem Herd stehen.
11. Ich habe jetzt einen dringenden Arzttermin.
12. Muss mein Kind vom Kindergarten abholen.
13. Mein Taxi kommt!
14. Wenn ich gleich weg bin, nicht wundern... mein Akku ist schon wieder leer.
15. O mein Gott! Aber ich kann jetzt nicht weitersprechen. Ich muss trainieren und zum Friseur.
16. Ich muss jetzt kochen, sonst werde ich nie fertig.
17. Ich muss jetzt wirklich auflegen, die Katze tritt die Tür ein.

18. Ich muss mich jetzt um meinen Besuch kümmern.
19. Warum erzählst du das nicht deinem Friseur?
20. Ich mach Schluss. Wird mir sonst zu teuer.

Wenn es gegen halb vier Uhr morgens klingelt und der Anrufer fragt: »Habe ich dich geweckt?«

1. Macht nichts, ich musste sowieso aufstehen, weil mein Telefon geklingelt hat.
2. Nein, ich habe schon vor zwei Stunden gefrühstückt.
3. Das ist nicht schlimm. Ich bin es gewohnt, zu jeder Zeit von überall her angerufen zu werden.
4. Ach, das macht fast überhaupt nichts, ich fand das Schlafen sowieso ganz schön langweilig.
5. Bist du wahnsinnig?! Weißt du, wie viel Uhr es ist? (*Antwort:* Klar, weiß ich, wie spät es ist, aber ich sag's dir nicht.)

Wenn man sich im Hotel ausgesperrt hat und plötzlich pudelnackt im Flur steht und dort für reichlich Unruhe unter den Hotelgästen sorgt

1. Einem nackten Mann kann man kein Bonbon ans Hemd kleben.
2. Glotzt nicht so romantisch!
3. Tschulligung, war Absicht. Aber ich versuch's mir abzugewöhnen.

4. Ich dusche gerne nackt.
5. Wenn hier einer lächerlich ist, bin ich das.

Wenn man nach Hause kommt und die Wohnungstür ist aufgebrochen

1. Das darf doch nicht Warstein!
2. Da scheißt der Hund doch ins Feuerzeug.
3. Da möchte man aus der Hose hüpfen.
4. Es ist zum Haxen ausreißen.
5. Hier sieht's aus wie bei Hempels unterm Sofa!
6. Ich fresse einen Besen, aber weichgekocht.
7. Ich werd verrückt und zieh aufs Land!

4. Liebe, Ehe und Sex

Anmachsprüche des Mannes

1. Bist du öfter hier?
2. Ist dieser Platz frei?
3. Wow, ist das voll hier, was.
4. In Ihrer Haut möchte ich mal stecken – und seien es auch nur ein paar Zentimeter.
5. Ich hab meine Telefonnummer vergessen – kann ich deine haben?
6. Ich bin Filmregisseur – möchtest du in meinem Film mitspielen?
7. Du bist die schönste Frau in der Bar.
8. Ich bin so schlecht im Bett – das musst du erlebt haben.
9. Willst du was trinken?
10. Du hast wunderschöne Augen.
11. Deine Haarfarbe ist wunderschön.
12. Hast du Lust zu tanzen?
13. Hast du mal Feuer?

> *»Junge Frau, darf ich Sie wiedersehen?«*
> *»Rufen Sie doch einfach an. Meine Nummer*
> *steht im Telefonbuch.«*
> *»Und Ihr Name?«*
> *»Steht daneben.«*

Auf der Party spricht ein junger Mann eine
Dame an: »Hören Sie, ich bin kein Freund
von langen Worten: Ja oder nein?«
»Bei Ihnen oder bei mir?«, erwidert die
Dame.
Er: »Also wenn Sie alles komplizieren
müssen, lassen wir es lieber gleich.«

Annäherungsversuche des Mannes und die passenden Antworten der Frau

1. Darf ich Ihnen einen ausgeben? – Danke, ich möchte lieber das Geld.
2. Ich denke, ich könnte dich sehr glücklich machen. – Wieso? Gehst du schon?
3. Ihr Glas ist leer, wollen Sie noch eins? – Was soll ich mit zwei leeren Gläsern?
4. Warum beantworten Sie jede Frage mit einer Gegenfrage? – Tue ich das?
5. Junge Frau, würden Sie mit einem wildfremden Mann ins Bett hüpfen? – Niemals, alter Freund.
6. Gehst du am Sonntag mit mir segeln? – Tut mir leid, da habe ich Kopfschmerzen.
7. Was würdest du sagen, wenn ich dich bitten würde, meine Frau zu werden? – Nichts! Ich kann nicht gleichzeitig lachen und reden.
8. Ich debattiere niemals mit Frauen. Sie nehmen immer alles persönlich. – Unsinn. Ich tue das nie!
9. Ich schaue mal wieder rein, Schätzchen! – Hoffentlich nicht in diesem Jahrhundert.

Ausreden, wenn ein Mann Sex haben will

1. Kann ich dich zum Essen einladen?
2. Hast du Lust, mit mir ins Kino zu gehen?
3. Hast du Lust auf einen Kaffee?
4. Wollen wir tanzen gehen?
5. Du siehst angespannt aus. Soll ich dich massieren?
6. Kann ich dich mal anrufen?
7. Ich langweile mich.
8. Ich liebe dich.

Sex machen

... vögeln
... knispeln
... pudern
... poppen
... Poppe, poppe, Reiter spielen
... Hoppel Poppel machen
... das Tier füttern
... den Hahn krähen lassen
... das Fass anbohren
... den großen Grauen reinhängen
... den Lachs in die Butter stecken
... die Gurke einparken
... die Lok in den Schuppen fahren
... Schlitten fahren
... ein Kabel verlegen
... das Boot ins Wasser lassen
... den Tank vollmachen

»Sag mal, raucht deine Frau nach dem Sex?«
»Keine Ahnung, ich hab noch nie nachge-
schaut!«

Was man beim Sex unter keinen Umständen sagen sollte

1. Riech ich dein Aroma, fall ich gleich ins Koma.
2. Nimm mein Lachen nicht persönlich. Alle Menschen sehen nackt komisch aus.
3. Schnauf doch nicht so.
4. Glaubst du, mir macht das Spaß?
5. Achtung, meine Frisur!
6. Ich mache das nur, weil ich betrunken bin.
7. Ich bin in einer Minute fertig.
8. Auf die Plätze. Fertig!
9. Und? Wie war ich?
10. War das alles?

Sagt die Banane zum Vibrator, der neben ihr
auf dem Nachttisch liegt: »Hör doch auf zu
zittern – oder isses dein erstes Mal?«

Antworten des Mannes auf die Frauenfrage: »Macht dieses Kleid dick?«

1. Du hast den schönsten Arsch der Welt.
2. Du bist nicht dick, du hast nur die Beine zu weit hinten.
3. Du bist schlank wie ein Reh – oder wie heißt das graue Tier mit dem Rüssel?

4. Ich finde dich sehr popogen.
5. Ein schöner Hintern hilft beim Überwintern.

Ausreden-Klassiker der Frauen

1. Diese Schuhe waren ein Schnäppchen.
2. Natürlich liebe ich dich.
3. Ich habe Kopfschmerzen.
4. Ich bin pleite.
5. Du bist gut im Bett.
6. Können wir nicht einfach Freunde bleiben?
7. Ich möchte jetzt keinen Freund.
8. Ich zahl für mich selbst.
9. Du hörst mir nie zu.
10. Du musst mir auch mal zuhören.
11. Hörst du mir überhaupt zu?
12. Ich bin nicht sauer, nur enttäuscht.
13. Wir müssen reden.

Die hohe Kunst der Schlagfertigkeit (1)

Bei einer Abendgesellschaft bekam der britische Premierminister Winston Churchill von einer gewissen Lady Astor zu hören: »Wenn ich mit Ihnen verheiratet wäre, würde ich Ihnen Gift geben.« Churchill konterte: »Und wenn ich mit Ihnen verheiratet wäre, würde ich es nehmen.«

Ausreden-Klassiker der Männer

1. Entschuldigung, ich habe nicht zugehört.
2. Es geht mir nicht um Sex.
3. Es ist nicht so, wie du denkst.
4. Da bin ich noch nicht zu gekommen.
5. Ich habe nur zwei Bier getrunken.
6. Ich kann mit einem Eierlöffel Fledermäuse tot-schlagen. *(John Cleese)*
7. Ich brauche etwas Raum.
8. Ich liebe nur dich.
9. Ich rufe dich an.
10. Zieh dich schon mal aus, wir müssen reden.

*Er: »Schatz, die geplatzten Kondome sitzen
wieder auf der Couch.«
Sie: »Schatz, unsere Kinder haben Namen.«*

Redewendungen, wenn eine Beziehung zu Ende geht

1. Aus die Maus.
2. Ende im Gelände.
3. Ende der Fahnenstange.
4. Schluss mit lustig.
5. Die Ärsche sind geleckt.
6. Der Käse ist gegessen.
7. Schluss, aus, Mickymaus.
8. Seit wann kommt der Knochen zum Hund?
9. Schade, schade sprach die Made und verpisste sich.

10. Lieber ein Ende mit Schrecken als ein Schrecken ohne Ende.

Ausreden, um eine Beziehung zu beenden

1. Du riechst nicht so gut, und ich habe eine empfindliche Nase.
2. Du machst mich ganz Konfuzius.
3. Du gehst mir tierisch auf den Sack.
4. Es ginge wohl, aber es geht nicht.
5. Meine Kartenlegerin meint, dass wir jeden Kontakt abbrechen sollten.
6. In meinem Horoskop stand: »Vermeide brenzlige Situationen.«
7. Mir steht's bis Oberkante Unterlippe!
8. Wenn ich heimkomme, ist immer, immer, immer der Hund im Putzwasser. Mich nervt das! (*F. K. Waechter*)
9. Wenn Gott gewollt hätte, dass wir zusammen bleiben, hätte er dir nicht so einen fiesen Charakter gegeben.
10. Ich kenne Sie nicht, lassen Sie mich in Ruhe – oder ich erwirke eine einstweilige Verfügung gegen Sie.

»Unsere ganze Beziehung«, wütet sie, »war
von Anfang an nichts als ein Irrtum!«
»Wem sagst du das? Eigentlich hatte ich ja
damals einem Taxi gepfiffen!«

Kauf es Dir!
Du suchst einen der Dir hilft heut umzu-
ziehen
Du … ich wär sofort dabei
Doch ich hab gleich 'n Arzttermin
Danach muss ich zur Bücherei
Tut mir leid …
Ich hab auch heute Abend keine Zeit
Hab meiner Frau geschwor'n
Dass wir heut endlich mal zu zweit
Die Ina-Müller-Platte hör'n
Sonst immer gern!

Ich bin immer für Dich da
Glaube mir!
Ich bin immer ansprechbar
Ich bin hier!
Und wenn Du irgendetwas brauchst …
Kauf es Dir!

Ihr hattet wieder Streit sie schmiss Dich
raus
Ob ich Dir helfen kann

Oh … mein Handy piept und geht gleich
aus
Ich hab auch echt 'n Scheiß-Empfang
Ich ruf Dich an
Du neben mir steht jetzt die Polizei
Kann nicht telefonier'n
Mein Dinner geht bis nachts um drei
Dann muss ich Fotos einsortier'n
Sonst immer gern

Du … ich bin immer für Dich da
Glaube mir!
Ich bin immer ansprechbar
Ich bin hier!
Und wenn Du irgendetwas brauchst …
Kauf es Dir!
(Frank Ramond)

Ausreden in Heirats- und Bekanntschaftsanzeigen

Sie sucht Ihn

attraktiv (*statt:* mittelgroß, komische Haare)
humorvoll (*statt:* albern)
klug (*statt:* besserwisserisch)
lebhaft (*statt:* zickig)
unternehmungslustig (*statt:* Flirtet gerne.)
gesellig (*statt:* Kippt sich gerne einen hinter die Binde.)

spontan (*statt:* Hat keine Manieren.)
erfahren (*statt:* verlebt)
familienorientiert (*statt:* Torschlusspanik)
nach großer Enttäuschung (*statt:* verbittert)
sportlich (*statt:* Zählt verbissen jede Kalorie.)
liebenswert (*statt:* Guckt am liebsten Filme mit Doris Day bis in die Nacht in ihrem Frottee-Schlafanzug mit dem süßen Bärchen drauf.)

Er sucht Sie

attraktiv (*statt:* mittelgroß, komische Haare)
Alpha-Mann (*statt:* Er ist tätowiert, trinkt Alkohol und schaut Pornos.)
Akademiker (*statt:* Seine Orgasmen sind vorgetäuscht.)
vorzeigbar (*statt:* Seine Unterwäsche kostet sieben Euro im Dreierpack.)
treu (*statt:* Er verspricht nichts, aber das hält er auch.)
liebenswert (*statt:* Kneift fremden Frauen leidenschaftlich gerne in den Po.)
zärtlich (*statt:* Sexmuffel)
vielseitig interessiert (*statt:* notorischer Fremdgänger)
fröhlich (*statt:* schwerer Trinker)
kultiviert (*statt:* Kennt mindestens 30 Möglichkeiten, eine Bierflasche zu öffnen.)
kräftig (*statt:* fett)
gepflegt (*statt:* Trägt Porno-Schnauz, Jogginghose und T-Shirt.)

gut situiert (*statt:* durchschnittlicher Typ sucht perfekte Frau – wenn's geht, reich)
Naturbursche (*statt:* Hat fundierte Kenntnisse über Autos, Panzer und alte Bauerntänze.)

Antworten auf die Frage: »Hast du heute Abend schon was vor?«

1. Nichts, was ich nicht auch verschieben könnte.
2. Da hab ich meinen Sommelierkurs.
3. Ja, ich muss auf die Möbel aufpassen.
4. Ja, ich will meinen Haaren beim Wachsen zuhören.
5. Ausgerechnet heute Abend ist so ein tolles Fernsehprogramm.

Wenn man zu spät zum Date kommt

1. Ich hatte gerade noch einen Termin beim Psychologen, weil ich dauernd zu spät komme.
2. Meine Katze saß auf einem Baum und kam nicht runter.
3. Mein Hund hat mich ausgesperrt.
4. Ich bin an der falschen Haltestelle ausgestiegen.
5. Ich wusste nicht, was ich anziehen sollte.

Strand oder privat. Schnell, sauber, günstig. Was nicht passt, wird passend gemacht.
Ausreden-Agentur Heimlich, Still & Leise.
18213 Schlorum, Jungferngeckoweg 7

Ja, wenn ...

> *»Wenn ich ein Vöglein wär und auch zwei*
> *Flüglein hätt', flög ich zu dir; weil's aber nicht*
> *kann sein, weil's aber nicht kann sein, bleib*
> *ich allhier.«*
> (altes Liedgut)

Schnelle Erwiderungen auf einen Wenn-Satz

1. Wenn der Hund nicht geschissen hätte, dann hätte er den Hasen gehabt.
2. Jaja, hätte meine Tante einen Sack, wär's mein Onkel.
3. Wenn meine Tante Räder hätte, wäre sie ein Omnibus.
4. Wenn meine Oma ein Bus wäre, könnte sie hupen.
5. Wenn ein Eichhörnchen ein Pferd wäre, würde es den Baum hochgaloppieren.
6. Hätte liegt auf dem Friedhof, und Wenn liegt daneben.
7. Hätte, wenn und aber – alles blödes Gelaber.
8. Hätte, hätte – Fahrradkette!

Charmante Lügen beim Kerzenschein-Dinner

1. Auf dem Foto siehst du jung aus.
2. Wie kommt es, dass man auf alten Fotos immer jünger aussieht?
3. Ich frage mich, wie unsere Kinder mal aussehen würden?
4. Seh ich deine Schenkel, denk ich gleich an Enkel.
5. Ich bin jetzt bei meinem achten Bier. So langsam fangen Sie an, gut auszusehen.
6. Ich bin verrückt nach dir.
7. Du bist anders als die anderen.
8. Du bist ein süßer Nachtisch auf zwei Beinen.
9. Darf ich bitten – oder tanzen wir zuerst?
10. Musik? Ich tanze zu Alkohol.

Sie: »Liebst du mich?«
Er: »Was denn sonst? Glaubst du, ich mache Liegestütze?!«

Wenn der Mann beim Sex zu früh kommt

1. Entschuldigung, hab dich nicht kommen hören!
2. Mein Ischias wurde eingeklemmt, als ich dir die Sterne vom Himmel geholt habe.
3. Beinahe fast sehr genügend.
4. So früh wie heute bin ich ja noch nie zu spät gekommen.

5. Komm ich heut nicht, komm ich morgen zweimal.
6. Ich hab morgen Männergruppe.

*Kommt ein Mann zum Heilpraktiker und
sagt: »Ist es wahr, dass Mohrrüben die Potenz
steigern?«
»Das kann schon sein. Aber sie zu befesti-
gen – das ist die Schwierigkeit.«*

Antworten des Mannes auf die Frauenfrage: »Wo bist du gewesen?«

1. Ich war auf dem Dachboden und habe Sauer-
   kraut aufgehängt.
2. War im Keller und hab dicke Milch gesägt.
3. War auf dem Friedhof – Probe liegen.
4. Habe Wind um die Ecke geschaufelt.
5. War die Kuh am Stall am Schwanz am raus am
   ziehen.
6. War mit dem Fahrrad unterwegs und konnte
   nicht absteigen.
7. Hab dicke Weiber gestemmt.
8. Im Hemd.

*Die misstrauische Ehefrau zu ihrem Mann:
»Kannst du mir vielleicht erklären, wie dieser
Lippenstift auf deinen Kragen kommt?«
Darauf der Gatte: »Keine Ahnung. Ich bin
sicher, dass ich mir vorher das Hemd ausgezo-
gen habe.«*

Ausreden für den Seitensprung

1. Das ist nicht meine Freundin. Ich helfe ihr nur, schwanger zu werden. *(The Big Lebowski)*
2. Ich gehe so oft mit fremden Männern/Frauen ins Bett, weil ich meinen Mann/meine Frau schonen will.
3. Er/Sie ist aus allen Wolken in mein Bett gefallen!
4. Das Schönste am Seitensprung ist der Anlauf.
5. Ich bin nicht fremdgegangen, ich kannte die alle.
6. Ich gehe nicht fremd, ich gehe nur zu Bekannten.
7. Willkommen Fremder, mein Mann ist auf Montage.

Aufgeregt stürzt der Ehemann ins Schlafzimmer: »Schnell, zieh dich an, und dann raus hier, das Haus brennt!«
Da ertönt eine klägliche Stimme aus dem Kleiderschrank: »Rettet die Möbel!«

Wenn man seinen Hochzeitstag vergisst

1. Ich wollte nur feststellen, ob du daran denkst.
2. Ich wollte dich nicht daran erinnern, wie lange wir schon miteinander verheiratet sind.
3. Ich lasse mir nicht vorschreiben, wann ich an unseren Hochzeitstag denken soll.
4. Na so was, ist die sahnefarbene Stretchlimousine mit Chauffeur für dich noch nicht vorgefahren?
5. Ja, is denn heut scho Weihnachten.

> *Zwei Schotten treffen sich zufällig in London.*
> *»Mensch«, sagt der eine, »was machst du denn hier?«*
> *Der andere: »Ich mach meine Hochzeitsreise.«*
> *Fragt der andere: »Und wo ist deine Frau?«*
> *Antwort: »Ach, die war letztes Jahr schon hier.«*

Ausreden gegen das Heiraten

1. Pudding kann man auch alleine kochen.
2. Wer käme schon auf die Idee, einen Obstgarten zu kaufen, wenn er Appetit auf einen Apfel hat? Und doch tun viele genau das, wenn sie heiraten. *(Maurice Chevalier)*
3. Warum heiraten? Leasing ist doch viel besser.
4. Wozu heiraten, wenn es die Möglichkeit der Scheidung gibt?
5. Heiraten ist gut, aber nicht heiraten ist besser.

Fragt die frigide Frau den Ehemann nach der
Hochzeitsnacht: »Wie lange hast du denn
noch gemacht?«

Ausreden fürs Heiraten

1. Das ist genau das, was mir der Doktor ver-
    schrieben hat.
2. Genau meine Kragenweite.
3. Wir haben dieselbe Blutgruppe.
4. Wir sind beide aus demselben Holz geschnitzt.
5. Wir singen aus dem gleichen Gesangbuch.
6. Wir passen zusammen wie Arsch auf Eimer.
7. Ich liebe dir, weil ohne du kann ich nicht bin.

Eine Frau zu ihrer Freundin: »So einsam
war ich noch nie.«
»Das verstehe ich nicht, du hast einen Mann
und einen Liebhaber.« »Das ist es ja. Einer
verlässt sich auf den anderen.«

Ausreden der Ehefrau, wenn sie keine Lust hat, mit ihrem Mann zu schlafen

1. Heute nicht, Liebling – ich hab Migräne.
2. Ich hab Rückenschmerzen.
3. Ich hab eine neue Frisur.
4. Ich hatte heute eine Fangopackung.
5. Ich lese Zeitung.
6. Ich bin müde.
7. Ich bin nicht in Stimmung.

8. Ich muss morgen zum Arzt.
9. Wir wecken die Kinder.
10. Das Fenster steht offen, die Nachbarn könnten uns hören.
11. Könnten wir nicht einfach Händchenhalten?
12. Ich hab schon Nachtcreme aufgetragen.
13. Ich hab morgen große Wäsche.
14. Du warst so eklig beim letzten Mal vor zwei Jahren.
15. Du bist zu betrunken.

Nach dem Sexualkundeunterricht rennt
Emily nach Hause und überrascht ihre Eltern
im Schlafzimmer: »Papa, Papa, was ist
eigentlich ein Coitus interruptus?«

Ausreden für das Scheitern einer Ehe

1. Wir haben alles versucht. Nichts hat geholfen.
2. Wir haben uns auseinandergelebt.
3. Wir haben uns nichts mehr zu sagen.
4. Ich halte diese ewige Streiterei nicht mehr aus.
5. Dietmar! Kinder! Ich habe mich verliebt!
6. Meine Frau hat den Ernst des Lebens kennengelernt. Ich heiße leider Dieter.
7. Am Arsch hängt der Hammer.

»Warum wollen Sie sich denn scheiden
lassen?«
»Weil meine Frau jede Nacht durch die
Kneipen der Stadt zieht.«

»Ist sie Alkoholikerin?«
»Nein, sie sucht mich.«

Die Spatzenfrau geht zum Scheidungsanwalt.
»Na, was haben Sie für Sorgen?« fragt der.
»Ich will mich scheiden lassen«, jammert die
Spatzenfrau, »mein Mann hat eine Meise.«

»Die Scheidung kostet ja wesentlich mehr als
die Hochzeit«, klagt der ehemüde Mann.
Darauf sein Scheidungsanwalt: »Richtig, aber
Sie haben auch viel länger Freude daran ...«

Vom Fachmann für Kenner

Mein Erfolgsgeheimnis bei Frauen? Ganz einfach:
Ich verdanke alles meiner Schlagfertigkeit. Ich ...
also die Kunst immer das richtige Wort zu ...
dings ... äh ... zu suchen, ... nee, Quatsch ... zu finden. Sorry, ich war gerade eingenickt. Hatte Bereit-
schaft und ... na ja, das ist eben der Beruf.
(Hubert, der Heiratsschwindler)

Bissige Bemerkungen für den Swingerclub

1. Ich kann das Küssen nicht leiden, wenn ich
   nicht dabei bin.
2. Ich suche keine Frau fürs Leben, sondern ganz
   dringend eine fürs Bett.
3. Ich habe mit der Pille aufgehört. Ich nehme
   jetzt die Glücksspirale.

4. FKK ist mir zu mächtig – meiner ist nur mittel-
   prächtig.
5. Alles fit im Schritt?
6. Nimm die Hand aus meiner Hose – ich zähle
   bis tausend.
7. Bock auf Kreisverkehr?
8. Leute, macht Gruppensex! Zu zweit oder auch
   alleine.
9. Drei sind besser als einer, aber zwei sind besser
   als drei.
10. Und wer küsst mir?

5. Heim und Familie

Wie Makler ihre Immobilien anpreisen

1. Für Schnellentschlossene (*statt*: absoluter Ladenhüter)
2. Liebhaberobjekt (*statt*: altes abbruchreifes Haus)
3. Hochwertige Ausstattung (*statt*: Teppichfliesen, Bastrollos, altrosa Plastikduschkabine)
4. Zentrale Lage (*statt*: viel Verkehrslärm)
5. Gute Verkehrsanbindung (*statt*: Die Wohnung liegt an einer Haupt- oder Durchgangsstraße.)
6. Pflegeleichter Garten (*statt*: kleines Grundstück mit handtuchgroßem Rasen)
7. Nette Nachbarschaft (*statt*: lauter herausgeputzte Idioten, die rauchend hinter den gelben Gardinen lauern)

Ein junges Ehepaar möchte eine Neubauwohnung mieten. Nachdem der Vermieter alle Vorzüge der Wohnung gepriesen hat, sagt er: »Und jetzt machen wir einen Test! Sie bleiben hier, und ich gehe nach nebenan.« Der Mann geht ins Nebenzimmer, schließt die Tür und flüstert: »Können Sie mich sehen?« Das Ehepaar: »Nein.« Freudestrahlend kommt der Vermieter zurück: »Das sind Wände, was?«

»Ich verlange 2000 Euro Miete für die
Wohnung.«
»Kalt?«
»Eiskalt!«

Wenn man ein Ikea-Regal falsch zusammengesetzt hat

1. Nach fest kommt ab. Nach ab kommt Arbeit.
2. Eine eingenagelte Schraube hält besser als ein eingeschraubter Nagel.
3. Toleranz ist, wenn die Schraube durchs Loch fällt.
4. Dreimal abgeschnitten und immer noch zu kurz.
5. Schief ist englisch, und englisch ist modern!
6. Gar nicht übel, sprach der Dübel und verschwand in der Wand.
7. Sitzt, passt, wackelt und hat Luft!
8. Alter Schwede!

Anzeige
Wegen Umzug nach Berlin Ausreden für Langschläfer, Jogger und Hypochonder günstig abzugeben. Tina aus Reutlingen. Chiffre 4436

Antworten der Hausfrau auf die neugierige Frage: »Was gibt es heute Mittag zu essen?«

1. Kalter Arsch mit Birnen.
2. Kalter Arsch mit Schneegestöber.
3. Dicker Arsch mit Furz.
4. Heute gibt es Kürbissuppe mit ganzen Früchten aus der Tüte.
5. Scheiße mit Reis – und Reis ist aus.
6. Kanarienvögelchenzüngelchensüppchen.
7. Heute gibt es Gans – ganz wenig.

> *»Wo ist dein Bruder?«*
> *»Wir hatten gewettet, wer sich weiter aus dem Fenster hinauslehnen kann.«*
> *»Und?«*
> *»Er hat gewonnen.«*

Ausreden, um nicht mit dem Hund rauszugehen

1. Bei diesem Wetter jagt man keinen Hund vor die Tür.
2. Der Pudel von nebenan ist gerade läufig.
3. Jetzt nicht, ich recherchiere gerade im Internet, wie oft ein Hund raus muss.
4. Nee, heute ist Vollmond, da heult er immer wie ein Schlosshund.
5. Der aggressive Nachbarkater macht gerade seine Runden.

6. In der Hundeschule stand das nicht auf dem Stundenplan.
7. Hunde, die es lange ohne Rausgehen aushalten, kriegen ein besonders seidiges Fell. Das ist wissenschaftlich erwiesen.
8. Wie der Name schon sagt: Der Hund ist ein *Haus*tier.
9. Der Hund will jetzt unbedingt mit mir Fernsehen gucken.
10. Fernsehhund Lassie musste auch nie raus!

Antworten von Hundehaltern auf die Frage: »Beißt der?«

1. Der beißt nicht, der schluckt im Ganzen.
2. Der spielt nicht, der will nur beißen.
3. Ja, aber Sie können ruhig näher kommen – er ist sehr wählerisch.
4. Vorsicht, Hund! Bitte nicht drauftreten.
5. Vorsicht, Kampfhund! – Er kämpft mit seinem Übergewicht!

Scherzfrage
Wo wohnen Katzen? – Im Mietshaus.

Antworten auf die beliebte Kinderfrage: »Ist die Erde eine Scheibe?«

1. Die Erde ist ein Toastbrot.
2. Die Erde ist eine Scheibe, wird von vier Ele-

fanten getragen, die auf einer Schildkröte stehen.
3. Die Erde ist eine Kugel, du kannst nicht runter.
4. Durch die Raumkrümmung kannst du deinen
   Arsch von vorne sehen.

Wenn die Schwiegermutter für zwei Wochen zu Besuch kommt

1. Wenn wir dich nicht hätten und keine kleinen
   Kartoffeln, müssten wir immer große essen.
2. Wenn wir dich nicht hätten und keine Löffel,
   müssten wir die Suppe mit der Gabel essen.
3. Seit es Flugzeuge gibt, sind die Schwiegermüt-
   ter auch nicht mehr das, was sie mal waren.
4. Schwiegermutter, warum stehst du draußen
   im Regen? Geh doch nach Hause!

Ausrufe der Eltern, wenn beim Kind die Nase läuft

1. Nichtsdestotrotz fließt aus der Nase doch...
   die Träne!
2. Am Weihnachtsbaum die Lichter brennen!
3. Hochziehen und runterschlucken!

Redewendungen, wenn man dem Kind sein Taschengeld gibt

1. Aber nicht sofort alles ausgeben.
2. Geld verdient man nur, wenn man es ausgibt.

3. Bei Geld hört die Freundschaft auf den Namen Waldi.
4. Ohne Moos nix los.

> *Bei Müllers ist Dackel Waldi allein zu Hause.*
> *Als das Telefon klingelt, nimmt er ab und*
> *meldet sich: »Wau!«*
> *Der Anrufer erstaunt: »Wer ist da bitte?«*
> *Darauf Waldi: »Wau! W wie Wilhelm,*
> *A wie Anton, U wie Ulrich!«*

Wenn das Kind die Wohnungstür offen lässt

1. Wohnst du am Berg?
2. Bist du im Zelt aufgewachsen?
3. Bist du in der U-Bahn geboren?
4. Haben wir Säcke vor der Tür?
5. Haben wir Tag der offenen Tür?
6. Kommt noch einer?
7. Letzte Kuh macht die Türe zu.

Antworten des Kindes auf die vorwurfsvolle Frage: »Wie sieht das denn hier aus?«

1. Da helfen keine Pillen und keine kalten Umschläge, selbst Lebertran versagt.
2. Bin über meinen Nuckel gestolpert.
3. Füttert eure Kinder mit Knoblauch, dann findet ihr sie auch im Dunkeln wieder!
4. Das Leben ist zu kurz, um das Zimmer aufzuräumen.

5. Mama, ihr seid so peinlich.
6. Seine Eltern kann man sich nicht aussuchen.
7. Zickezacke Hühnerkacke!

Ausreden für Kinderlose

1. Wir sind Spaßvögler.
2. Eine kinderlose Ehe besteht aus Spaßvögeln.
3. Natürlich wollen wir Kinder, aber nicht die ganze Zeit.
4. Wer Kinder und Hunde hasst, kann kein schlechter Mensch sein. *(W.C. Fields)*
5. Man kann auch keine Kinder haben *und* keine Karriere machen. *(Hauck & Bauer)*
6. Wieso leben Sie nicht in der Mongolei?

Ausreden für das Kind, das zu spät im Kindergarten erscheint

1. Mein Wecker hat verschlafen.
2. Mein Bobbycar hatte einen Platten.
3. Tut mir echt leid, aber mein Dreirad fuhr einfach nicht schneller.
4. Mein Hamster hatte sich verkrochen, und ich musste ihn suchen.
5. Mein Kaninchen hat das Kabel von meinem elektrischen Wecker zernagt. Ich habe deshalb verschlafen.
6. Ich konnte leider nicht früher kommen, denn meine Mutter musste mir meine Haare noch föhnen.

7. Sorry, meine Mutter hat uns verlassen, und ich musste ihr beim Packen helfen.
8. Die Straße war heute länger.
9. Ich hatte noch Stepptanzunterricht.
10. Schrei mich nicht an! Ich bin ein Wunschkind!

Wenn der Kanarienvogel in den Ventilator geflogen ist

1. Let's fetz, sprach der Frosch und sprang in den Ventilator.
2. Viel Wind, wenig Fahrt.
3. Das kommt in den besten Familien vor.
4. Da muss man durch als Lurch.
5. Bei dir piept's wohl.

> »Stell dir vor, unser Wellensittich hat Benzin gesoffen, flog dreimal durchs Zimmer und stürzte zu Boden.«
> »Tot?«
> »Nein, kein Benzin mehr.«

Wenn man keine Urlaubs-Dias beim Nachbarn gucken will

1. Kenn ich, weiß ich, war ich schon.
2. Ich habe noch im Büro zu tun.
3. Ich habe meine Fernbrille verloren.
4. Ich kann nicht kommen, weil mein Hund kotzt.
5. Mein Arzt hat mir zu viel Aufregung verboten.

Wenn der Nachbar grillt

1. Wer anderen eine Bratwurst brät, hat wohl ein Bratwurstbratgerät.
2. Wer nicht arbeitet, will wenigstens gut essen.
3. Lieber gemeinsam grillen als einsam schmoren.
4. Senf macht dumm.
5. Grillen Sie wohl!

Wie das Kind sich vor der Hausarbeit drückt

1. Ich muss dringend aufs Klo.
2. Ich muss dringend was für die Schule tun, nächstes Jahr schreibe ich Abi.
3. Ich bin algerisch gegen Putzmittel.
4. Kinderarbeit ist strafbar.
5. Die Fenster putze ich nicht, die werden ja sowieso wieder dreckig.
6. Sorry, ich habe eine Hausstaub-Allergie.
7. Oma hat mich gebeten, mit ihr zum Arzt zu gehen.

Ehefrau: »Quält dich dein Asthma wieder?«
Ehemann: »Nein. Ich hab nur gelacht.«

Wenn der Versicherungsvertreter zweimal klingelt

1. Kommse ruhig rein. Wir duschen gerade.
2. Mein Mann/meine Frau hat zurzeit das gelbe Fleckenfieber, aber treten Sie doch näher.

3. Lassen Sie uns Ihr Angebot da. Wir werden uns dann gegebenenfalls bei Ihnen melden.
4. Sie müssen mich jetzt entschuldigen, ich hab was auf dem Herd stehen.
5. Zieh dich bitte aus, wenn ich mit dir rede.

Es klingelt. Die Frau des Hauses öffnet und erblickt einen Walfisch. Der sagt: »Entschuldigen Sie bitte, aber Sie haben in der Zeitung inseriert: ›Zimmer zu vermieten.‹«
»Aber«, stottert die Frau, »ich habe nicht daran gedacht, an einen Walfisch zu vermieten.«
Darauf der Wal beleidigt: »Davon war in der Anzeige aber nicht die Rede.«

Wie man unangemeldeten Besuch abwimmelt

1. Warum gehen Sie nicht heim, nehmen ein Bad und bleiben dort?
2. Warum gehen wir beide nicht irgendwohin, wo jeder von uns allein sein kann?
3. Besuch ist wie Fisch: Nach drei Tagen fängt er an zu stinken.
4. Besucher machen immer Freude – wenn nicht beim Kommen, dann beim Gehen.
5. Geh mit Gott, aber geh!

»Gestern bin ich an Ihrem Haus vorbeigegangen.«
»Danke.«

Erklärung des Handwerkers, der zum dritten Mal nicht zum vereinbarten Termin erschienen ist

1. Erst ist der Nachbar gestorben, dann die Katze, und dann bin ich von der Leiter gestürzt.
2. Der Heizungsableser hat sich angemeldet – und ich warte immer noch auf ihn.
3. Sorry, aber mein Hund hat den Terminplaner gefressen!
4. Ich bin von einer Dampfwalze überfahren worden.
5. Eine Maschine ist kaputt.
6. Meine Tante ist schuld.
7. Ich bin einfach überfordert.

Wenn man am Arsch der Welt wohnt und gefragt wird: »Habt ihr da draußen in eurem Kaff überhaupt schon Strom?«

1. Nein, wir fahren abends mit dem Fahrrad auf dem Tisch, damit wir Licht haben.
2. Nein, abends werden die Bürgersteige hochgeklappt und der Mond an der Stange weitergeschoben.
3. Nein, bei uns wurde erst im letzten Jahr das Essen mit Messer und Gabel eingeführt.
4. Nein, wir haben erst vor vier Wochen den aufrechten Gang gelernt.

6. Schule und Bildung

Wenn der Schüler/die Schülerin zu spät zum Unterricht kommt

1. Sorry, ich hatte Gegenwind.
2. Die Straßenbahn hat sich verfahren.
3. Ich bin von Aliens entführt worden, die mich zwangen, rätselhafte rote Feenkreise an Wände zu malen.
4. Mein Vater wollte mich zur Schule fahren, aber er hat verschlafen!
5. Beim Bäcker war es so voll.
6. Ich bin liegengeblieben, weil meine Uhr stehengeblieben ist.
7. Der Schulbus ist in einen Stau gekommen.

> *Zwei Schulanfänger unterhalten sich.*
> *»Mensch«, sagt der eine, »ich hab mich in unsere Lehrerin verknallt.«*
> *»Du spinnst wohl«, antwortet der andere, »die will doch nichts mit Kindern zu tun haben.«*
> *Darauf der erste: »Keine Angst, ich pass schon auf.«*

Wichtige Sätze für den Pausenhof

1. Für die einen ist es Schule, für die anderen der verrückteste Spielplatz der Welt.

2. Freiheit für die Lehrer – mehr Ferien.
3. Freie Sicht auf die Tafel – weg mit den Lehrern!
4. Alles schläft und einer spricht – das nennt man Unterricht.
5. Wo es was umsonst gibt, sind Lehrer nicht weit.

> *»Warum kommst du denn so spät zur Schule?«, fragt der Lehrer.*
> *»Unser Haus ist abgebrannt.«*
> *»Das tut mir leid, aber warum hast du denn gestern gefehlt?«*
> *»Na, da haben wir die Möbel ausgeräumt.«*

Entschuldigungsbriefe an den Lehrer

1. Marie kann nicht zur Schule kommen, es kommt ihr oben und unten, wenn es nicht mehr kommt, kommt sie wieder.
2. Tobias hat leider vor der Schule keinen Parkplatz gekriegt.
3. Paul ist mit seiner Mutter nach Umbrien verreist.
4. Sarah-Kimberly hatte gestern Nachhilfeunterricht.
5. Gestern bin ich in die Pubertät gekommen. Deshalb hat meine Mutter mich nicht zur Schule geschickt.
6. Susanne konnte gestern leider nicht am Unterricht teilnehmen. Sie hatte Krebs.
7. Olaf hat Husten.

*Lehrer: »Wer kann mir sagen, wie lange
Krokodile leben?«*
Schüler: »Genauso wie kurze.«

*Ein Schulrat inspiziert eine Klasse mit
Achtjährigen.
»Wer kann mir ein Hauptwort sagen?«
fragt er.
Ein zartes Mädchen meldet sich und sagt:
»Scheiße.«
Der Schulrat zuckt zusammen. »Wer weiß
ein anderes Hauptwort?« Ein netter Junge
hebt den Finger und sagt: »Hurenbock.«
Der Schulrat wendet sich hilflos an den
jungen, schüchternen Lehrer, der blass
geworden ist.
»Ich verstehe das nicht, Herr Schulrat«,
stottert er, »ich weiß wirklich nicht,
wo die Arschlöcher das herhaben?«*

Ausreden, wenn man seine Hausaufgaben vergessen hat

1. Ich war mit unserem Hund Gassi gehen und hab aus Versehen statt des Stöckchens die Mappe in den See geworfen. Tut mir schrecklich leid.
2. Meine Mutter hat gestern aus Versehen meine Mappe in den Altpapier-Container geworfen.
3. Ein Trickdieb hat mir die Hausaufgaben aus der Schultasche geklaut.

4. Im Ü-Ei befand sich ein irre kompliziertes Spielzeug, deshalb konnte ich keine Hausaufgaben machen.
5. Hausaufgaben sind Hausfriedensbruch.
6. Ich hab die Hausaufgaben draußen im Garten gemacht, da hat die Sonne plötzlich durch den Lupeneffekt meiner Brille das Heft verbrannt.
7. Ich dachte, das wäre erst für morgen.

Wenn man seine Mathe-Hausaufgaben nicht gemacht hat

1. Tut mir leid, mein Taschenrechner war defekt.
2. Gestern Abend wurde meine kleine Schwester von Außerirdischen entführt, und sie ließen sie nur im Tausch gegen meine Mathe-Hausaufgaben frei.
3. Mein Vater konnte seine Lesebrille nicht finden und deshalb die Mathe-Aufgaben nicht machen.
4. Ich habe meine Mathe-Hausaufgaben im Auto gemacht. Sie sind rausgeflogen, als meine Mutter das Fenster öffnete.

5. Mein Matheheft hat sich gestern in Luft aufgelöst.
6. In Mathe bin ich eine Null.
7. Mathe ist ein Arschloch!

> *Lehrer: »Wie viel ist vier mal vier?«*
> *»Sechzehn.«*
> *»Gut.«*
> *»Gut? Das ist perfekt!«*

> *Der Lehrer fragt: »Drei mal sieben – was kommt da raus?«*
> *»Feiner Sand!«, antwortet der Schüler.*

Wussten Sie schon ...
... dass 27 Prozent aller Deutschen nicht lesen können? Die übrigen 56 Prozent können nicht rechnen.

Wenn man zu spät zur Abi-Prüfung kommt

1. Ich musste noch zum Arzt, um mein Lampenfieber behandeln zu lassen.
2. Mein Roboter war ausgebüxt.
3. Mein Horoskop hatte mir geraten, nicht vor Mittag aufzustehen.
4. Ich wurde von der Sonne geblendet und bin in den falschen Bus gestiegen.
5. Ich wurde unterwegs von einem Pausenclown vermöbelt.

6. Mein Digitalwecker stand falsch rum auf dem Nachttisch: Ich dachte, es sei erst Null Uhr Achtzig.
7. Ich musste rückwärts zur Schule fahren, da bei meinem Auto plötzlich sämtliche Vorwärtsgänge klemmten.
8. Ich musste noch eine SMS fertig schreiben.
9. Ich musste mein Auto noch waschen.
10. Sorry, mein Garagentor hat geklemmt.

> *»Wie viele Inseln gibt es im Ägäischen Meer, und wie heißen sie?«*
> *»Es gibt sehr viele Inseln im Ägäischen Meer, und ich heiße Schramm.«*

Wenn man zu spät zur Vorlesung kommt

1. Das ist mein erster Tag an der Universität, ich habe mich verlaufen.
2. Meine Hand ist im Kaffeeautomaten stecken geblieben.
3. Ich bin in eine Demo streikender Arbeiter geraten.
4. Sorry, aber mein Fahrrad hat verschlafen.
5. Meine Eltern haben gedacht, gestern sei Sonntag, und haben mich deshalb nicht in die Unität geschickt.
6. Ich wurde von einem UFO entführt.
7. Tut mir leid, aber die Kneipe hat erst um 11 Uhr aufgemacht. Ich kam nicht raus.

Voll korrekte Antworten auf:
»Lern erst mal Deutsch!«

1. Meinen Sie mir oder meinen Sie mich?
2. Man gewöhnt sich an allem, sogar am Dativ.
3. Womit hab ich das verdient, dass du mir so viel lernst?
4. Bitte helfen Sie mir nicht, es ist allein schon schwer genug.
5. Wie man's macht, ist's falsch. Und macht man's falsch, ist's auch nicht richtig.
6. Was sagst du? Ich habe dir gerade akustisch nicht zugehört.

> *»Mutti, wir haben heute fünf Stunden*
> *Englisch gehabt!«*
> *»Tröste dich, die Engländer haben das den*
> *ganzen Tag.«*

Wenn man zu spät zum Examen kommt

1. 'tschuldigung, ich habe mich plötzlich im Internet verzettelt, weil ich nach dem Verfasser des Discomiezen-Links gesucht habe.
2. Hab im Radio gehört, ich soll mich melden, aber es war ein Scherz.
3. Der Hahn im Dorf ist heute Nacht gestorben, und da hat die ganze WG verpennt.
4. Ich bin der Einzige in unserer WG, der Ahnung von Technik hat. Deshalb musste ich heute morgen die Waschmaschine reparieren.

5. Bei einer Mitbewohnerin haben plötzlich die Wehen eingesetzt, und als angehender Mediziner war es für mich selbstverständlich, bei der Geburt zu helfen.
6. Tut mir leid, aber meine Mutter konnte keinen Parkplatz direkt vor der Uni finden.
7. Entschuldigung, ich musste mein Bett noch machen.

Wenn man in der Universitätsbibliothek ausgeliehene Bücher zu spät abgibt und die anfallenden Mahngebühren nicht bezahlen will

1. Ich habe zwei Wohnsitze, die Mahnung muss an die falsche Adresse gegangen sein.
2. Was kann ich dafür, wenn der Nachsendeantrag nicht funktioniert.
3. Bei mir ist keine Mahnung angekommen, vielleicht ist sie bei der Post verloren gegangen?
4. Ich musste bei der Apfelernte helfen.
5. Ich war krank und konnte deshalb nicht jeden Tag in den Briefkasten gucken.
6. Der Stromausfall ist schuld.
7. Die Erderwärmung ist schuld.

Wenn jemand seinen Namen nicht schreiben kann

1. Mach drei Kreuze, vier Kreuze sind Doktor!
2. Genauso wie man's spricht!

3. Du musst ja nicht deinen richtigen Namen angeben.
4. Benutze einfach einen anderen Namen.
5. Benutzen Sie Ihren Decknamen.

Geistreiches für die mündliche Prüfung

1. Meine Meinung steht fest. Bitte verwirren Sie mich nicht mit Tatsachen.
2. Eine Lösung habe ich. Leider passt sie nicht zum Problem.
3. Besser Rosinen im Kopf als Haare im Kuchen.
4. Wer sagt denn, dass der Frosch keine Locken hat.
5. Das Denken sollte man den Pferden überlassen, die haben den größeren Kopf.
6. Denken ist schwerer als man denkt.
7. Was man nicht begreift, verlernt man nie.
8. Wer in Fremdwörtern nicht konfekt ist, sollte damit nicht tapezieren gehen. Meine Meinung!
9. Die Wissenschaft hat festgestellt, dass der Arsch die Hose hält.
10. Hinten kackt die Ente.

Eine Studentin wird im Examen vom Professor nach dem berühmten König Ludwig gefragt. Nach mehreren Hilfeversuchen des Professors, sie doch auf den richtigen Namen zu bringen, entschuldigt sich die Studentin. »Ich habe eben ein sehr schlechtes Namensgedächtnis.«

Wenn man seine Magisterarbeit zu spät abgibt

1. In der Stadt war eine Demo, der Verkehr wurde umgeleitet, und ich habe mich prompt verfahren.
2. Mir steht das Wasser bis zum Hals, hab in der Wanne gelegen und den Termin total vergessen. Sorry!
3. Ich hatte einen Blackout.
4. Entschludrigen Sie vielmals! Ich musste auf die Alkohol-Vorräte für die große Uni-Party aufpassen.
5. Hab meine Uhr noch nicht auf Sommerzeit/ Winterzeit umgestellt.
6. Das Lenkrad im Auto war heute morgen so kalt.
7. Hab überraschend Besuch vom Schornsteinfeger gekriegt und dann die Zeit ganz vergessen.
8. Der Drucker war kaputt.

Antworten auf die Frage: »Was sagst du als Außenstehender zum Thema Intelligenz?«

1. Wer braucht schon rhetorische Fragen?
2. Doof bleibt doof, da helfen keine Pillen und keine kalten Umschläge.
3. Dummheit frisst, Genie säuft.
4. Drei mal drei ist Donnerstag und Freitag gibt's Geld.

5. Ich habe meinen Kopf nur zum Haareschneiden.
6. Ich kann Wikipedia auswendig.
7. Ich nix wissen.

7. Arbeit und Büro

Ausreden in Stellenanzeigen

1. Wir sind eine innovative Firma mit flachen Hierarchien. (*statt:* Pünktlich im Büro zu sein ist die Kunst, richtig abzuschätzen, um wie viel sich der Chef verspäten wird.)
2. Sie arbeiten in einem jungen Team in einem angenehmen Klima. (*statt:* Was nützt einem das beste Raumklima, wenn der Alte bescheuert ist?)
3. Wir suchen einen freundlichen und flexiblen Mitarbeiter für unser Berliner Büro. (*statt:* Die dunkelste Kneipe ist besser als der hellste Arbeitsplatz.)
4. Eigenverantwortliches Arbeiten setzen wir voraus. (*statt:* Wer den Papst zum Schwager hat, kann leicht Kardinal werden.)
5. Wir erwarten überdurchschnittliche kommunikative Fähigkeiten. (*statt*: Wer für alles offen ist, kann nicht ganz dicht sein.)
6. Sie sind teamfähig und ordnungsliebend. (*statt:* Bei uns herrscht Ordnung. Ein Griff – und die Sucherei geht los.)
7. Wir bieten ein attraktives Gehalt. (*statt:* Bei uns kann jeder so viel spinnen, wie er verdient.)

Stellenanzeige

Mann mittleren Alters, kräftig, mürrisch und völlig unzugänglich für unsere Beschwerdeabteilung gesucht. Spruchbude Luftikus (Wendland). Chiffre 26160

Wenn man zu spät zum Vorstellungsgespräch kommt

1. Ich habe die Haare in den Föhn bekommen.
2. Meine Mutter hat mich nicht geweckt.
3. 'tschulligung, die Treppe war kaputt, da musste ich den Aufzug nehmen.
4. Im Aufzug stand: Nur für fünf Personen. Und ich konnte nicht so schnell vier Leute finden, die auch hier hoch wollten.

> *»Fahre ich zu schnell?«, fragt der Fahrstuhlführer die junge Dame. »Natürlich, oder glauben Sie, ich trage meinen Slip immer auf den Knien?«*

Antworten beim Vorstellungsgespräch auf die Frage: »Nennen Sie uns drei Gründe, warum wir Sie einstellen sollen?«

1. Ich und der liebe Gott, wir wissen alles.
2. Ich bin nur einer von vielen – dafür aber der Beste.
3. Wenn schon arbeitslos, dann wenigstens in einem Beruf, der Spaß macht.

Antworten beim Vorstellungsgespräch auf die Frage: »Nennen Sie uns Ihre drei größten Fehler?«

1. Früher war ich unentschlossen, aber jetzt bin ich mir da nicht mehr so sicher.
2. Früher war ich eingebildet – jetzt bin ich perfekt!
3. Früher war ich eitel, heute weiß ich, dass ich schön bin.

Der Betriebspsychologe zum Bewerber, der eine verantwortungsvolle Position einnehmen soll: »Fällt es Ihnen schwer, Entscheidungen zu treffen?«
»Nun also – ja und nein ...«

Leitsätze für Führungskräfte

1. Mir nach – ich folge euch.
2. Heutzutage muss man seine Leute motivieren, anbrüllen allein nützt nichts mehr.
3. Führungskräfte trinken Leitungswasser.
4. Wir werden das Schwein schon schaukeln, auch wenn ihm quiekt.
5. Man kann kein Omelett backen, ohne Eier zu zerschlagen.
6. Wie lange arbeiten Sie schon bei uns – diesen Arbeitstag nicht mitgerechnet?
7. Alles raus, was keine Miete zahlt!

Treffen sich zwei Beamte auf dem Flur.
Sagt der eine: »Kannst du auch nicht
schlafen?«

Wenn man zu spät ins Büro kommt

1. Erst hat der Wecker nicht geklingelt, und dann ist auch noch die Uhr stehengeblieben.
2. Ich bin pünktlich aufgestanden, habe aber dann glatt vergessen, wegzugehen.
3. Pünktlichkeit ist ja ganz schön. Aber alles zu seiner Zeit.
4. Unser Nachbar ist heute nicht aufgestanden, und da dachte ich, es sei Sonntag.
5. O Chef, ich dachte, ich hätte heute Urlaub.
6. Ich musste noch Ihre Frau nach Hause bringen.
7. Ich war schon seit fünf Uhr morgens wach, aber Ihre Frau lag auf meinem Pyjama.
8. Reden wir doch erstmal über meine Gehaltserhöhung!

Der Angestellte kommt mit verbundenem
Kopf eine Stunde zu spät ins Büro.
»Warum kommen Sie erst jetzt?«, fragt der
Chef.
»Ich bin aus dem Fenster im dritten Stock
gefallen.«
»Na und, das hat doch wohl nicht eine Stunde
gedauert.«

Ausreden für Langschläfer

1. Ich bin nicht verpflichtet, aus dem Bett zu gehen, wenn ich noch am Schlafen bin.
2. Der Schlaf vor Mittag ist der gesündeste.
3. Wenn das Niveau am Boden ist, bleibe ich liegen.
4. Aller Laster ist die Morgenstund, wer lange pennt, bleibt auch gesund.
5. Was ist das bloß für ein Land, in dem morgens um sieben die Sonne schon aufsteht?
6. Was ist das für ein Land, in dem es morgens schon hell wird?
7. Sich regen bringt Segen. Es spricht nichts dagegen, sich auf die faule Haut zu legen.
8. Typisch für faule Eier ist zu langes Rumliegen.

Dreimal kurz gelacht

Chef zum Angestellten: »Sie sind zwei Stunden zu spät gekommen! Warum?«
»Ja. Ich werde Vater.«
»Glückwunsch! Wann denn?«
»In neun Monaten.«

Atemlos kommt der Angestellte ins Büro.
»Tut mir leid, Chef, ich habe verschlafen.«
»Was denn? Zu Hause schlafen Sie auch?«

Chef: »Warum kommen Sie heute so spät?«
Angestellter: »Weil Sie gestern gesagt haben,
ich soll die Zeitung zu Hause lesen.«

Faule Ausreden für faule Leute

1. Ich bin nicht faul. Ich bin nur hoch motiviert, nichts zu tun.
2. Solang der Arsch noch in die Hose passt, wird keine Arbeit angefasst.
3. Wer nicht arbeitet, soll wenigstens gut essen.
4. Nichtstun macht eigentlich nur dann richtig Spaß, wenn man mit Arbeit überlastet ist.
5. Ich habe gerade Zeit – wo gibt`s nichts zu tun?

Scherzfrage

Was ist der schönste Abend? –
Der Feierabend.

Schlaue Sätze fürs Büro

1. Stress ist alles, was nicht Kaffeepause ist.
2. Es gibt nichts, was sich nicht durch längeres Liegenlassen von selbst erledigt.
3. Es gibt viel zu tun – heften wir's ab.
4. Ich weiß gar nicht, was die Leute gegen mich haben, ich tue doch nichts.
5. Lieber acht Stunden Büro als gar keinen Schlaf.

Wenn man ohne Vorbereitung über sein Projekt referieren muss

1. Das Gegenteil von gut ist gut gemeint.
2. Lirum Larum Löffelstiel.
3. Entweder vielleicht oder doch lieber ja.
4. Es ist vorne so hinten wie hoch, in der Mitte wie ebenso.
5. Ich rede einfach weiter, irgendwann wird schon was Sinnvolles dabei sein.

Wenn ein Kollege Ihre PowerPoint-Präsentation immer wieder mit Einwänden und Nachfragen unterbricht

1. Sparen Sie Ihren Atem, Herr Kollege. Alles, was Sie sagen, ist bloß Geräusch am falschen Platz.
2. Sehe ich aus wie eine Bratwurst, oder wieso gibst du deinen Senf dazu?
3. Lass doch den Unsein sinn.
4. Ach, heben Sie sich den Quatsch doch für die Altpapiersammlung auf.
5. Quatsch nich Krause, geh nach Hause!
6. Quaddel in den Eimer, morgen ist Waschtag!
7. Mach mal 'n dummes Gesicht! Danke, reicht schon!

Redewendungen an einen, der ständig die Leistung eines anderen kritisiert

1. Erst mal nachmachen!
2. Herr Arschloch persönlich!
3. Und ist der Schniedel noch so klein, so will er doch der Größte sein.
4. Der eigene Furz riecht jedem am besten.

Schlaue Sätze, wenn der Computer abgestürzt ist

1. Ein Computer stürzt nur ab, wenn der Text lange nicht gespeichert wurde.
2. Du bekommst einen Computervirus genau dann, wenn du denkst, du hättest keinen.
3. Du bekommst einen Computervirus genau dann, wenn du ihn am wenigsten brauchen kannst.
4. Der Computer ist die Antwort. Wie war eigentlich die Frage?
5. Das gibt es unter Linux nicht.
6. Computer sind auch nur Menschen.
7. Der Computer kann alles, aber sonst nichts.
8. Ein Programm, das fehlerfrei läuft, ist veraltet.
9. Computer können alles. Mich können sie kreuzweise.
10. Ich habe nichts gemacht.

Scherzfrage

Wann besteht bei Windows keine Absturz-gefahr? – Während eines Stromausfalls.

Wie man einen nervigen Kunden am Telefon abwimmelt

1. Schicken Sie doch ein Fax, das geht schneller.
2. Dafür bin ich nicht zuständig.
3. Auf dem Ohr bin ich taub.
4. Das übersteigt eindeutig meinen Kompetenzbereich.
5. Setz dich doch auf deinen Finger und entspann dich.
6. Immer locker flockig durch die Hose atmen.
7. Gott erhalte Sie, aber möglichst bald. Und lassen Sie sich eine Empfangsbescheinigung ausstellen.

Ausreden für eine Krankmeldung beim Arbeitgeber

1. Ich habe starke Rückenschmerzen und kann mich kaum bewegen.
2. Ich liege mit Angina im Bett.
3. Ich bin an einer merkwürdigen Angststarre erkrankt und muss deshalb zum Unheiltheoretiker.
4. Leider kann ich heute nicht zur Arbeit kommen, da meine Frau in wenigen Stunden ihren Eisprung erwartet.

5. Ich kann heute wegen einer Grippe nicht kommen, aber keine Sorge, es besteht keine akute Lebensgefahr.
6. Ich habe eine schwere Erdbeermarmeladen-Allergie. Unheilbar. Endstadium.
7. Ich habe tierische Zahnschmerzen.
8. Ich habe die Scheißeritis.

Neue Krankheiten

... Nasensausen
... Hüftschnupfen
... Schmopfkerzen
... Scherzinfarkt
... Dummkoller
... Twitterfieber
... Laberflash
... Seelenblindheit
... Katheterpeter
... Wobler-Syndrom
... Schwimmbruch
... Stimmbandriss

Wenn der Chef Ihnen den Urlaub gestrichen hat

1. Mein Chef gibt mir keinen Urlaub mehr, weil er mich danach immer wieder neu anlernen muss.
2. Du kannst doch im Leben nicht einfach 'ne Stopptaste drücken, so wie es dir gefällt, du kleines Stück Scheiße. *(The Big Lebowski)*

3. Ich mache nie Urlaub, wenn alle Urlaub machen.
4. Ich hänge mir einen Rollmops vor den Ventilator, weil mir der Arzt frische Seeluft empfohlen hat.

Ausreden, wenn man zu spät zu einem wichtigen Geschäftstermin kommt

1. Aufgrund einer Fehlfunktion meines Weckers konnte ich nicht pünktlich sein.
2. Ein warmes Bett und ein fauler Arsch trennen sich nicht so leicht.
3. Gott gab uns die Zeit, von Eile hat er nichts gesagt. Deshalb komme ich etwas später.
4. Es gab eine Umleitung. Dabei habe ich mich verfahren. Scheiß Navi!
5. Tut mir leid, dass ich zu spät bin, aber aufgrund einer bohrenden Dringlichkeit musste ich zum Zahnarzt.
6. Ich bin in einen Stau geraten.
7. Sorry, ich musste meine Mutter zum Arzt bringen.

Ruft ein Lkw-Fahrer in seiner Firma an und sagt: »Ich komme heute etwas später; ich glaube, der Außenspiegel ist kaputt.«
Der Chef reagiert sauer: »Glauben? Schauen Sie gefälligst nach! Das sieht man doch sofort.«
Der Fahrer: »Leider nicht. Der Lkw liegt darauf.«

Wenn man sich in der Tür geirrt hat und den Chef mit der Sekretärin beim hemmungslosen Sex auf dem Schreibtisch überrascht

1. Schöner Tag heute. Nur später soll es ein bisschen heiß werden.
2. Jeder ist seines Glückes Schmied, doch nicht jeder hat ein schmuckes Glied.
3. Entschuldigung, können Sie mir vielleicht einen Tipp geben, wie man am besten Frauen/ Männer anspricht, die man gerne kennenlernen möchte?
4. Ich empfinde Sex als etwas sehr Intimes.
5. Hab ich »Aufhören« gesagt?

Ausreden der Chefsekretärin

1. Der Chef ist nicht da.
2. Der Chef ist unterwegs.
3. Der Chef ist zu Tisch.
4. Der Chef ist gerade auf einer Messe.
5. Der Chef ist in Urlaub.
6. Der Chef hat sein Telefon umgestellt.
7. Der Chef ist krank.
8. Der Chef ist gerade in einer wichtigen Besprechung.
9. Der Chef macht gerade einen Krankenbesuch.
10. Der Chef arbeitet heute zu Hause.
11. Der Chef empfängt gerade seine japanischen Geschäftsfreunde.

12. Der Chef ist heute überhaupt noch nicht gesehen worden.
13. Der Chef ist zurzeit viel unterwegs und nur selten im Büro.
14. Wen wollen Sie sprechen? Tut mir leid, hier gibt es keinen Chef. Er wurde leider entlassen.

Der Chef erzählt einen Witz, und alle biegen sich vor Lachen – bis auf seine Sekretärin.
»Haben Sie keinen Sinn für Humor?«
»Doch, aber ich geh zum Ersten.«

Wenn man vom Chef beim Nasenbohren erwischt wird

1. Ich bohr nicht in der Nase. Sportlich wie ich bin, hole ich das Letzte aus meinem Körper heraus.
2. Ich bin auf Öl gestoßen.
3. Ich mache den Bergmann.
4. Ich hab nicht gepopelt, ich hab mich nur gekratzt.
5. Das ist ein Zeichen von In-Sich-Gehen.

Der Chef zum Neuen: Nehmen Sie sich einen Besen und kehren Sie hier erst mal aus.«
»Erlauben Sie mal, ich komme von der Universität.«
»Das ist natürlich was anderes. Ich zeige Ihnen, wie's gemacht wird.«

Ausreden im Arbeitszeugnis

- Er hat alle Arbeiten ordnungsgemäß erledigt. (*statt*: Er ist so dumm wie ein Gartenstuhl. Initiative ist nicht seine Stärke.)
- Wegen seiner Pünktlichkeit war er stets ein gutes Vorbild. (*statt*: In jeder Hinsicht ein Hänger und echt nicht der Bringer.)
- Er erledigte alle Arbeiten mit Fleiß und Interesse. (*statt*: So ein fauler Hund.)
- Er hat sich bemüht, die ihm übertragenen Aufgaben zu erfüllen. (*statt*: Er ist ein Nullchecker und hat von nichts Ahnung, und das sehr gut.)
- Er hat sich im Rahmen seiner Fähigkeiten eingesetzt. (*statt*: Er war völlig überfordert und hat nichts kapiert.)
- Er war immer mit Interesse bei der Sache. (*statt*: Er hat nur genervt.)
- Durch seine Geselligkeit trug er zur Verbesserung des Betriebsklimas bei. (*statt*: Ein Schwätzer und Säufer, der den Frauen im Betrieb nachstellte.)
- Er war tüchtig und wusste sich gut zu verkaufen. (*statt*: Er ist ein Schleimscheißer, und viele Mitarbeiter sahen ihn lieber von hinten als von vorn.)
- Er hat alle ihm übertragenen Aufgaben im Großen und Ganzen zu unserer Zufriedenheit erledigt. (*statt*: Man sollte ihm eine Rakete in den Arsch stecken und sie anzünden.)

- Er galt im Kollegenkreis als toleranter Mitarbeiter. (*statt:* Für Vorgesetzte war er ein Vollhorst.
  Er soll zur Hölle fahren.)

8. Unterwegs

Wenn man nach dem Weg gefragt wird

1. Ab hier kommen die Bären von rechts.
2. Tut mir leid, ich bin nicht von hier.
3. Tut mir leid, ich spreche kein auswärts.
4. »Zweite links, geradeaus, ööh-röm, bis zur Brücke./Dann seh'n Sie 'ne Galerie, ach, die gibt's ja nicht mehr./Aber da ist Edeka, das weiß ich ganz genau,/denn der Freund meiner Frau jobbt da an der Kasse./Da vorbei, Metzgerei, zweite, dritte, vierte Straße./Rechts reinfahr'n zur Autobahn und immer weiter./Geradeaus, Zentrum raus, Vorsicht: Radarfalle,/Fuß vom Gas, Nase nach, Augen aufgemacht, denn/Jetzt kommt ein Schild, ganz klein, da steht Stadion drauf,/Stadion, nee, pardon, oder doch, danach muss/man links her, Kreisverkehr, äh, jetzt muss ich mich mal/selber dreh'n, um klar zu sehn./Ach, da fragen Sie nochmal.« (Spardosen-Terzett: *Vogelheim*).

Treffen sich zwei Sozialpädagogen.
»Du, weißt du, wo's zum Bahnhof geht?«
»Nee, du, tut mir echt leid – aber ich find's
echt gut, dass wir mal darüber geredet
haben.«

»Entschuldigung, wissen Sie den Weg zum Rathaus?«
»Nein, leider nicht!«
»Da müssen Sie die erste Straße rechts gehen und dann die nächste wieder links, und dann sehen Sie es schon.«

Ausrufe des Fahrers während einer Autofahrt

1. Hinten hab ich keine Augen.
2. Wozu rasen? 230 km/h genügen.
3. Wer bremst, verliert.
4. Ich bremse auch für Obst.
5. Schönen Gruß vom Getriebe.
6. Entweder es ist Nebel oder ich kann das Schild lesen. *(Volker Pispers)*
7. Geh mir aus der Flugbahn!

Antworten auf die Frage: »Sie haben Ihren Führerschein wohl in der Lotterie gewonnen?«

1. Brauchen Sie auch einen?
2. Hupen Sie ruhig, mein Radio ist lauter!
3. Ich könnte schneller fahren, aber ich liebe den Klang deiner Hupe!
4. Entschuldigung, dass ich so dicht vor Ihnen herfahre.
5. Wenn du so bumst, wie du einparkst, kriegst du ihn nie rein.

6. Fahr ruhig rein, ich brauche das Geld.
7. Hallo, du Arsch!

Scherzfrage

Was sagt eine Frau, wenn sie zum ersten
Mal in einem Auto sitzt? – »Oh, toll, drei
Spiegel!«

Schlagfertige Sprüche des Beifahrers während einer Autofahrt

1. Rechts ist frei, links zahlt die Versicherung.
2. Links ist frei, und rechts kommt auch einer.
3. Wer bremst, verschwendet Energie.
4. Schalten ist keine Kunst, kann jeder hören.
5. Was im Rückspiegel erscheint, befindet sich hinter uns.
6. Rot: stehen bleiben. Grün: fahren. Gelb: Noch schneller fahren.
7. Grüner wird's nicht.

Ausreden, wenn man im Stau steht

1. Stau ist scheiße, es sei denn, man ist vorne.
2. Da ist ein Stau? Da fahren wir hin!
3. Wir stehen nicht im Stau – wir sind der Stau.
4. Stau ist nur hinten blöd, vorne geht's.

Ausreden für alle, die kein Auto haben

1. Eigentlich wollte ich einen Lamborghini, aber ich wusste nicht, wie man das ausspricht.
2. Auto fängt mit A an und hört mit O auf.
3. Fährt man rückwärts an den Baum, verkleinert sich der Kofferraum.
4. Lieber mit dem Fahrrad zur Kneipe als mit einem Mercedes zur Arbeit.
5. Wenn ich Mercedes-Benz fahren will, rufe ich ein Taxi.

Rasend originelle Bemerkungen im Taxi

1. Kutscher, zur Tränke, und geben Sie den Pferden die Peitsche!
2. Ich mach heute einen drauf! Wenn ich voll bin, bringen Sie mich bitte nach Hause.
3. Bringen Sie mich irgendwohin. Ich werde überall gebraucht.
4. Wenn ich einen Fremdenführer gewollt hätte, dann hätte ich eine Stadtrundfahrt gebucht.
5. Ach du Scheiße! Ich glaub, jemand verfolgt uns.
6. Halt, Kutscher! Frau muss pissen!
7. Wer vorne sitzt, bezahlt.

> »Sag mal, fährt der Zug schon?«
> »Glaubst du vielleicht, deinetwegen würden die Häuser vorbeigetragen?«

Ausreden der Bahn bei Verspätungen

1. Sehr verehrte Reisende! Wir haben aktuell eine Verspätung von fünfzehn Minuten. Grund hierfür war ein Kabeldiebstahl im Raum Krefeld.
2. Eine Weiche im Bahnhof war falsch gestellt.
3. Wegen Triebwerkschaden / Signalstörung / Weichenstörung / Geschwindigkeitsbegrenzungen kommt es zu Verspätungen. Wir bitten um Ihr Verständnis.
4. Das schlechte Wetter ist schuld an der Verspätung.
5. Grund für die Verspätung ist der Suizid eines Hundes.
6. Aufgrund einer Fundsache im Streckengleis verzögert sich die Abfahrt des Zuges auf unbestimmte Zeit.
7. Sorry, wir warten noch auf Fahrgäste aus einem anderen Zug.
8. Wir haben dreißig Minuten Verspätung aufgrund vorheriger Zugfahrt.
9. Wir müssen im Bereich der eingleisigen Baustelle auf den entgegenkommenden Zug warten.
10. Unsere Weiterfahrt wird sich verzögern. Wir haben keinen Strom.
11. Die Warnstreiks der Eisenbahner haben zu Verspätungen und Zugausfällen geführt.
12. Die vielen Baustellen sind der Grund für die Verspätung.

13. Wegen Kühen im Gleis/umgekippten Bäumen wird dieser Zug außerplanmäßig umgeleitet.
14. Bitte beachten Sie! Dieser Zug endet hier im Tunnel. Bitte steigen Sie alle aus. Für Ihren Abtransport wird gesorgt. Vielen Dank für Ihr Verständnis.
15. Wir haben uns verfahren.

Im Zugabteil sitzen sich zwei Reisende gegenüber. Mit der Zeit kommen sie ins Gespräch. Sie stellen sich vor.
»Heinz Schmieder«, beginnt der eine.
Darauf der andere: »Sind Sie nicht ein kleiner Dicker, mit blasser Gesichtsfarbe, ohne Krawatte, mit offenem Hemd und Brille?«

Ausreden für Schwarzfahrer

1. Ich wollte beim Schaffner bezahlen, aber es war keiner da.
2. Der Entwerter hat meinen Fahrschein geschluckt.
3. Ich war in Gedanken und hab total vergessen, mir eine Fahrkarte zu kaufen. Bitte, Sie müssen mir glauben.
4. Non capisco. Ik nix deutsch, sono italiano.
5. Eigentlich lebe ich in Oklahoma City, ich bin nur zufällig hier.
6. Eigentlich wollte ich mit dem Taxi fahren, aber alle waren besetzt.

7. Gestern bin ich auch schwarzgefahren. Da hat keine Sau was gesagt.
8. Ich hab die falsche Jacke an – mein Monatsschein ist in der komischen blauen Funktionsjacke mit dem Wolfstatzen-Logo.
9. Ich dachte, nach zehn Fahrten bekommt man eine gratis.
10. Ich bin Ehrenbürger dieser Stadt und darf alle öffentlichen Verkehrsmittel kostenlos nutzen.
11. Lieber schwarz mit der Bahn als blau gegen einen Baum.

Dem Kontrolleur falsche Angaben zur Person machen, wenn man beim Schwarzfahren erwischt wird

1. Meier mit einem weichen Ei.
2. Gestatten, Baron von Habenichts.
3. Graf Rotz von Hohenschnoddern.
4. Ich bin der Leo von der Pelzwiese.
5. Entschuldigen Sie, wenn ich meinen Namen nicht nenne. Ich kann es mir nicht leisten. Es ist für mich riskant genug, überhaupt herzukommen.
6. Meine Freunde nennen mich Lenny. Aber ich habe keine Freunde. *(Arizona Junior)*
7. Nennen Sie mich Sunset. Ich bewege mich grundsätzlich nach Westen.
8. Mein Name ist Hase. Ich wohne im Walde und weiß von nichts.
9. Mein Namen ist Kuchen. Ich verkrümele mich.

10. Mein Name ist Blume. Ich verdufte.

Ausreden des Fußgängers, der bei Rot über die Ampel geht

1. Bei Grün ist immer so ein Gedränge auf dem Zebrastreifen.
2. Ich konnte nicht so lange auf Grün warten, ich hatte es eilig.
3. Tut mir furchtbar leid, Herr Wachtmeister. Ich habe die Ampel wegen des Regens nicht gesehen.
4. Ich bin farbenblind und habe deshalb nicht gesehen, was die Fußgängerampel gerade angezeigt hat.
5. Ich gehe nur bei Rot über die Ampel, wenn kleine Kinder zugegen sind.

An der Ampel steht ein Polizist. Eine alte Dame spricht ihn an: »Helfen Sie mir bitte über die Kreuzung.«
»Gern, sobald die Ampel grün ist.«
»Bei Grün kann ich auch alleine.«

Ausreden, wenn man bei Rot über die Ampel fährt und von der Polizei gestoppt wird

1. Die Ampel war noch fast gelb.
2. Ich habe eine Rot-Grün-Sehschwäche.
3. Ich habe heute schon dreimal bei Rot angehalten.

4. Wegen der Sonneneinstrahlung hat die rote Ampel grün geschimmert.
5. Ich konnte nicht anders. Ich hatte einen Krampf im rechten Bein und konnte nicht bremsen.
6. Muss einen Moment eingenickt sein. Bin untröstlich.
7. Wenn ich es nicht sehe, ist es nicht illegal. *(Homer Simpson)*

Ausreden, wenn man ein Huhn überfahren hat

1. Sind die Hühner flach wie Teller, war mein Auto schneller.
2. Musste gewaltig niesen und hab die Hühner vor mir übersehen.
3. Ist der Bauer noch nicht satt, fährt er sich ein Hühnchen platt.
4. Das war nicht meine Schuld. Das Huhn hat eindeutig den Freitod gewählt.

Ausreden, wenn man im Halteverbot steht

1. Ich habe nur schnell einen Blinden über die Straße geführt.
2. Ich habe meiner kranken Großmutter gerade leckeren Rotwein und ein geschmortes Kaninchen gebracht.
3. Ich musste den Behindertenparkplatz nutzen, alle anderen waren belegt.

4. Ich habe hier ja auch nicht gehalten, sondern geparkt. Geht das nicht in Ihren Politessenschädel rein?
5. Ich habe schon oft hier geparkt und noch nie einen Strafzettel bekommen.
6. Ich habe meine Brille verloren und musste nach Gehör parken.
7. Ich hatte kein Benzin mehr und einen platten Reifen.
8. Man hat mir gerade eine Zündkerze gestohlen.
9. Ich hatte nicht genug Geld für ein Taxi.
10. Ich bin gleich weg.

Wenn man zu schnell gefahren ist

1. Es ist unmöglich, dass ich zu schnell gefahren bin. Ich bin betrunken, und dann fahre ich immer ganz langsam.
2. Mein Benzintank war beinahe leer, darum habe ich mich beeilt, die nächste Tankstelle zu erreichen.
3. Die Straße war so schön ausgebaut, da habe ich nicht mit einem Tempolimit gerechnet.
4. Ein Glück, dass ich Sie treffe, Herr Wachtmeister! Könnten Sie mir bitte den Weg zur nächsten Klinik weisen? Meine Freundin erwartet ein Kind.
5. In der Werkstatt hat man mir gesagt, dass ich den Wagen mal voll ausfahren soll.
6. Als ich auf die Bremse treten wollte, war sie nicht da.

7. Respekt! Sie müssen ja mindestens 230 gefahren sein, um mich zu stoppen.
8. Folgen Sie mir nicht, ich habe mich auch verfahren.

Der Polizist stoppt einen Raser: »Haben Sie das Schild mit der Geschwindigkeitsbegrenzung nicht gelesen?«
»Lesen, Herr Wachtmeister? Bei diesem Tempo?«

Ausreden des Papstes, wenn er mit überhöhter Geschwindigkeit im Papamobil über den Petersplatz kachelt

1. Mein Tacho-Zeiger hängt.
2. Ich musste so schnell fahren. Ich hatte Angst, dass mir hinten einer reinfährt.
3. Hundertachtzig? Unmöglich! Schafft mein Papamobil doch nicht mehr!
4. Mein Gaspedal klemmte.
5. Ich nix verstehen.

Ausreden bei der Drogenkontrolle

1. Hast du Haschisch in den Taschen, hast du immer was zu naschen.
2. Haste Haschisch inner Blutbahn, kannste vögeln wie ein Truthahn.
3. Ich fühle mich grad voll flauschig.
4. Ich wurde von der Stolizei gepoppt.

5. Laterne, Laterne, den Schutzmann haben wir gerne.
6. Immer geschmeidig bleiben, Herr Hauptwachtmeister!
7. Bau mal einen!

Der Polizist bei der Verkehrskontrolle zum Autofahrer: »Haben Sie noch Restalkohol?« Lallt der Autofahrer: »Ich verbitte mir die Bettelei!«

Der Fahrer ist sturzbetrunken in eine Kontrolle geraten. Polizist: »Wie heißen Sie?« »Wrdlbrmpfd.« Und wie schreiben Sie sich? « »S – i – c – h!«

Ausreden bei der Alkoholkontrolle

1. Ich habe nur zwei Bier getrunken – das erste und das letzte.
2. Bin unschuldig. Ich hab so viel getrunken, dass ich – hicks – gar nicht gemerkt habe, dass mich jemand ans Steuer gesetzt hat.
3. Ich komme gerade von einer Betriebsfeier. Dass ich noch einen Test machen muss, davon war nie die Rede.
4. Diese Saftsäcke! Die haben mir Alkohol ins Bier getan.
5. Komm, Herr Po...Po...Polllisssei, nerv mich nicht. Stell dich in die Ecke und spiel Baum.

6. Links, links, hinterm Schutzmann stinkt's!
7. Führerschein? Den musste ich doch gestern abgeben.
8. Wieso Führerschein? Den habe ich doch schon letzte Woche abgegeben, haben Sie den etwa verbummelt?
9. Könnten Sie bitte mein Bier halten, Herr Schmutzmann, während ich meine Fahrzeugpapiere suche? Das kann ein bis zwei Stunden dauern.
10. Bitte nicht am Lack lecken, Herr Hauptwachtelmeister!

9. Essen und Trinken

Mit welchen Rufen man sich bei der Schlacht am kalten Buffet am besten vordrängeln kann

1. Vorsicht, heiß und fettig!
2. Aus dem Weg, Kühe!
3. Achtung, Mutter mit Kind!
4. Vorfahrt für Daddy!
5. Platz für den Landvogt!
6. Kopf weg, Dachstein kommt!
7. Lassen Sie mich durch! Ich bin Arzt!

> »Sind das holländische Tomaten?«
> »Wollen Sie mit ihnen reden, oder wollen Sie
> sie essen?«

Wie man Vordrängler zurechtweist

1. Keine Haare am Sack, aber im Puff drängeln.
2. Keine Haare am Sack, aber einen Kamm in der Tasche.
3. Kein Arsch in der Hose, aber *La Paloma* pfeifen.
4. Kein Arsch in der Hose, aber auf der Rolltreppe links stehen.

Im Schnellimbiss

Speisen

Hühnerbrühe mit Eierstich	Kikerikisuppe mit Gegacker
Haferschleimsuppe	Moppelkotze
Brathähnchen	Gummiadler
Hackbraten	Überfahrener Hund
Kartoffelpuffer	Pommes de Bordell
Kotelett	Schnitzel am Stiel
Bockwurst	Witwentröster
Frikadelle	Verzaubertes Brötchen
Rührei mit Spinat	Gackerobst mit Gänsedreck
Rindergulasch	Schredderkuh
Gefüllte Kalbsbrust	Gefülltes Pferd mit Nudeln
Pferdefleisch	Hühübraten
Fischstäbchen	Forelle Vierkant
Bratfisch	Katholisches Kotelett
Rollmops	Bulette mit Lenkstange
Roulade mit Kartoffelbrei	Jo-Jo mit Jadeschlamm
Pommes Frites mit Mayonnaise	Fettstäbchen mit Salbe

Pommes Frites mit Ketchup und Mayonnaise	Pommes Bahnschranke
Currywurst	Phosphatschlauch
Currywurst mit Pommes Frites	Maurerpimmel mit Geröll

Getränke

Milchkaffee	Kapuzinerwasser
Kräutertee	Chinawasser
Coca Cola	Moorwasser
Fruchtsaft	Diätschnaps
Wodka mit Fruchtsaft	Schraubenzieher
Limonade	Schlabberwasser
Mineralwasser	Jabbelwasser
Malzbier	Lakritzwasser
Bier	Laberwasser
Sekt	Kribbelwasser
Wein	Belustigungswasser
Schnaps	Brabbelwasser
Champagner	Britzelwasser
Whiskey	Tigerpisse

Sonstiges

Götterspeise	Glibberpudding
Banane	Affenkotelett
Zigarren	Kotzstumpen
Eis am Stiel	Gefrorener Rotz am Marterpfahl

**Pralinen
für die Ehefrau** Drachenfutter
oder Schwiegermutter

**Antworten während des Essens
auf die Frage: »Schmeckt's?«**

1. Es schmeckt wie ein Tritt vom Esel.
2. Es schmeckt rauf wie runter.
3. Es schmeckt wie dicker Hund von hinten.
4. Es ist nicht so übel, wie es einem danach werden kann.
5. Der Hunger treibt es hinein, und wenn es auch eine geröstete Ente auf acht Kostbarkeiten ist.
6. Schmeckt wie Oma unterm Arm.
7. Das schmeckt gar nicht undumm.
8. Es füllt den Magen.
9. Zum Scheißen langt's.
10. Lob an die Küche.

**Antworten nach dem Essen auf die Frage:
»Hat's geschmeckt?«**

1. Es schmeckte nicht nach Ihm oder nicht nach Ihr.
2. Es war gut und reichlich, hätte aber besser und mehr sein können.
3. Es reichte nur für den hohlen Backenzahn.
4. War zwar kein Ei dran, schmeckte aber super.
5. Ich bin pupsatt!

6. Das war eine meiner zehn besten Mahlzeiten an diesem Tag.
7. Besser als Fritten aus der Mülltonne.
8. Es schmeckte wie Arsch auf Eimer.
9. Einfach köstlich!
10. Ausgebrochen gut!

sich erbrechen

... mit Uruguay telefonieren
... den heiligen Ulrich anrufen
... nach Ulf rufen
... nach Augsburg reisen
... den Porzellanbus fahren
... den Porzellangott anbeten
... Besuch von Jörg kriegen
... die Keramik anbrüllen
... die Fische füttern *(auf hoher See)*
... sich das Essen noch mal durch den Kopf gehen lassen
... das Essen rückwärts faxen
... eine Pizza bauen
... saure Bröckchen lachen
... Würfelhusten haben
... den Rolf rufen
... reihern

Wussten Sie schon ...

... dass auf dem Mond das erste Restaurant eröffnet wurde? Ganz tolles Essen – aber keine Atmosphäre.

Wein in Pillenform

Ein Weinliebhaber und -kenner ist zum Essen eingeladen. Als Nachtisch werden Weintrauben angeboten. Er lehnt sie ab. Die Hausfrau versichert, dass die Trauben vorzüglich seien, und will wissen, warum der Gast trotzdem auf seiner Ablehnung beharrt. Nach einigem Zögern sagt er: »Nehmen Sie es mir nicht übel, gnädige Frau, aber Wein in Pillenform – das ist nun einmal nicht meine Sache!«

Wie man sich als Weinkenner aufspielt, ohne auch nur Rotwein von Weißwein unterscheiden zu können

1. Der Wein ist mir im Abgang zu holzig.
2. Er möpselt überhaupt nicht nach.
3. Er ist ein bisschen zu süffig, finden Sie nicht auch?
4. Was für ein duftiges Bukett!
5. Der Atem meiner Katze riecht nach Katzenfutter. *(Ralph Wiggum)*
6. Superber Wein, aber im Abgang schwach. So wie man manchmal mit einem komischen Kribbeln in den Beinen und Füßen ins Bett geht und am nächsten Morgen nichts mehr davon spürt. Kapieren Sie, was ich meine?
7. Eine ganz schwierige Traube!
8. Kann es sein, dass der Wein korkt?
9. Also ich finde ihn etwas zu kurz.
10. Ich brauche jetzt ein ehrliches Bier.

Antworten auf: » Ach, Sie trinken Alkohol? Ich hab das nicht nötig. Ich kann auch so lustig sein.«

1. Bitte eine Brause! Wir wollen lustig sein!
2. Es trinkt der Mensch, es säuft das Pferd, in Bayern ist es umgekehrt.
3. Realität ist eine Illusion, die durch Alkoholmangel hervorgerufen wird.
4. Alkohol löst keine Probleme. Aber das tut Milch auch nicht.
5. Kein Alkohol ist auch keine Lösung.
6. Ich kann auch ohne Spaß Alkohol haben.
7. Ihr seid ja nur neidisch, weil ihr die Stimmen nicht hört.
8. Wenn es so ist, dann Prost!

Kommen zwei kleine Männer in die Kneipe,
sagt der eine zum Wirt: »Zwei Kurze!«
Antwort des Wirtes: »Das sehe ich.
Und was wollt ihr trinken?«

Alberne Bemerkungen, wenn plötzlich in einer Gesellschaft die Unterhaltung stockt

1. Ein Schutzmann geht durchs Zimmer.
2. Jetzt rauscht ein Engel durchs Zimmer.
3. Es kommt ein Schneider in den Himmel.
4. Es ist doch gediegen, dass die Ziegen beim Miegen den Schwanz umbiegen und danach nicht wieder gerade kriegen.

5. ... ja, und dann kam Tom Clinch, der Zwiebelfarmer aus Kentucky ...
6. Erzähl mal einen Schwank aus deiner Jugend!
7. Ruhe, Großmutter kriegt Zähne!
8. Ruhe im Saal! Großmutter will tanzen!

Wenn jemand beim Essen mit vollem Mund spricht oder Schmatzgeräusche von sich gibt

1. Nimm den Lappen aus dem Mund, wenn du
mit mir sprichst.
2. Nimm den Hammer aus den Mund.
3. Was hast du gegessen? Batterien?
4. Sprechen Sie immer so undeutlich?
5. Ab 100 Gramm wird es undeutlich.
6. Erst ab 300 Gramm wird's deutlich.
7. Schluck es erst runter!

Wenn man bei Tisch aus Versehen eine Gabel fallen lässt

1. Lass liegen, tritt sich fest, gibt ein neues Muster.
2. Heute ist Valentin!
3. Das hab ich mal wieder gekonnt.
4. Herr Ober, bitte die kleinen Stühle!

Wenn man während des Essens laut rülpsen muss

1. Elche? Hier in der Gegend?
2. Der Landfunk meldet: Die Sau ist satt!
3. Ja, Mahlzeit, Empfehlung an die Eltern!
4. 'tschulligung, sollte ein Lied werden!
5. Mein Dänisch wird immer besser.
6. Mein Bandwurm bellt.
7. Das ist reine Körperbeherrschung – andere hätten gekotzt.
8. Solange es die Vorderzähne aushalten.
9. Ein Rülpser ist ein Magenwind, der den Weg zum Arsch nicht find.
10. Bleib unten oder ich ess dich nochmal.

Wenn man versehentlich einen Drink auf die Bluse der Tischnachbarin gegossen hat

1. Bitte lächeln – Sie werden gerade von einer versteckten Kamera gefilmt.
2. Haben Sie eine Waschmaschine dabei?

3. Bier gibt keine Rotweinflecken.
4. Ich glaube kaum, dass der Fleck in der Reinigung rausgeht. Na ja, hoffen wir das Beste.
5. Sofort ausziehen und die noch nasse Stelle mit Salz bestreuen, danach in Buttermilch einweichen und tüchtig ausspülen. Hat bei mir bei einer beigefarbenen Hose super funktioniert.
6. Zieh dich aus, ich glaube, ich liebe dich.
7. Mach kein Heckmeck – heirate mich vom Fleck weg!

Hier lacht der Hungerkünstler zweimal

»Hast du Hunger?«
»Wieso, brauchst du welchen?«

Ein Artist bewirbt sich beim Zirkusdirektor.
»Wie viel Gage geben Sie einem Hungerkünstler?«
»Fünfzig Euro pro Tag und freie Verpflegung.«

Ausreden für Fleischesser

1. Für mich gibt es nur zwei Arten von Tieren: Kleidung oder Essen.
2. Das Tier war schon tot.
3. Seit Fleisch mein Gemüse ist, bin ich strengster Vegetarier.
4. Wenn man Fleisch nicht essen soll, warum schmeckt es denn so gut? *(Al Bundy)*

5. Wenn Gott gewollt hätte, dass wir keine Tiere essen, hätte er sie nicht aus Fleisch gemacht.
6. Ich mag Tiere sehr gerne – am liebsten mit einer leckeren Soße.
7. Für jedes Tier, das ein Vegetarier nicht isst, esse ich drei.
8. Rettet die Bäume – esst Biberfleisch!
9. Vegetarier essen meinem Essen das Essen weg.
10. Mein Essen kackt auf dein Essen.

Hier lacht der Vegetarier

Ruft die Mutter: »Kinder, kommt rein!
Das Essen wird welk!«

Ausreden für eingefleischte Vegetarier

1. Ich bring's nicht übers Herz, glückliche Tiere zu essen.
2. Ich bin nicht Vegetarier, weil ich Tier liebe, ich bin Vegetarier, weil ich Pflanzen hasse.
3. Rhabarber schmeckt noch besser, wenn man statt Rhabarber Erdbeeren nimmt.
4. Petersilie hilft dem Vater auf die Mutter.
5. Den Hasenbraten esse ich nur aus Rache – diese Biester fressen mir immer die Karotten weg.

Kaffee zur Sahne: »Komm zu mir in die
Tasse.« Die Sahne zögert.

Kaffee: »Och, Sahne, komm doch zu mir in die Tasse!«
Sahne: »Bevor ich mich schlagen lasse.«

Antworten auf die Frage: »Wie nehmen Sie Ihren Kaffee/Tee?«

1. Ach, bloß so – wie er aus der Kanne kommt.
2. Entweder sahnig oder gar nicht.
3. So wie das Innere eines Wandschranks – schwarz.
4. Schwarz, bitte, mit sehr viel Zucker.
5. Schwarz wie die Nacht, heiß wie die Hölle und so süß oder so bitter wie das Leben.
6. Zucker ist ein weißer, pulverförmiger Stoff, der dem Kaffee einen schlechten Geschmack gibt, wenn man vergisst, ihn hineinzutun.
7. Tee? Nein, ich trinke keinen Tee. Ich bin Atheist. *(Helge Schneider)*

Umschreibungen für: die Toilette aufsuchen (Damen)

1. ... den Kaffee/Tee wegbringen
2. ... die Pinkulative ergreifen
3. ... die Zitrone auspressen
4. ... die Büchse ausleeren
5. ... für kleine Mädchen gehen
6. ... nach Tante Meier gehen
7. ... einen Boxenstopp machen

Umschreibungen für:
die Toilette aufsuchen (Herren)

1. ... nach den Pferden sehen
2. ... für kleine Königstiger gehen
3. ... die Kartoffeln abgießen
4. ... dem Schwager die Hand schütteln
5. ... dem Außenminister die Hand geben
6. ... einem alten Freund die Hand geben
7. ... einem kleinen Mann die große weite Welt zeigen
8. ... der Keramik zeigen, wer hier der Boss ist
9. ... die Rückseite von einem Baum suchen
10. ... eine Stange Wasser in die Ecke stellen

Ein Mann kommt in ein Feinschmeckerlokal und richtet die Pistole auf den Oberkellner: »Dies ist ein Überfall. Alle Gäste legen die Wertsachen auf den Tisch.«
»Heute scheint allerdings nicht Ihr Glückstag zu sein«, entgegnet der Oberkellner geistesgegenwärtig: »Ohne Krawatte können Sie hier nämlich gar nichts bestellen.«

Gut gesagt
Nichts ist so abwesend wie die Geistesgegenwart. (Antoine de Rivarol)

Ausreden und Ausflüchte des Aushilfskellners im Ausflugslokal

»Herr Ober, in meiner Suppe schwimmt ein Gebiss!«
»Empfuldigum!«

»Herr Ober, in meiner Suppe schwimmt eine tote Fliege.«
»Kein Wunder, mein Herr, die Suppe ist ja auch sehr heiß.«

»Herr Ober, da ist eine Nadel in meiner Suppe.«
»Verzeihen Sie, mein Herr, ein Druckfehler in der Speisekarte. Es soll Nudel heißen.«

»Herr Ober, die Suppe schmeckt aber komisch.«
»Warum lachen Sie dann nicht?«

»Herr Ober, ich möchte bei Ihnen einen Tisch bestellen.«
»Tut mir leid, mein Herr, aber die Möbel sind unverkäuflich.«

»Schnell etwas zu essen, Herr Ober, ich muss gleich weg!«
»Da kann ich Ihnen unser Lachsbrötchen empfehlen. Das muss auch weg!«

»Herr Ober, dieses Ei ist schlecht!«
»Das kann nicht sein, mein Herr. Die schlechten
Eier sind im Omelett.«

»Herr Ober, die Tasse hat ja einen Sprung!«
»Da können Sie sehen, wie stark unser Kaffee
ist.«

»Herr Ober, was macht das Bier, das ich vor einer
Stunde bestellt habe?«
»Fünf Euro, mein Herr.«

»Herr Ober, es ist doch wirklich unerhört. Jetzt
bestelle ich schon zum vierten Mal mein Essen bei
Ihnen.«
»Freut mich, dass es Ihnen bei uns so gut
schmeckt.«

»Herr Ober, bringen Sie mir bitte einen Zahn-
stocher!«
»Tut mir leid, im Moment sind alle besetzt.«

»Herr Ober, ich habe auch schon mal besser
gegessen!«
»Schon möglich, mein Herr, aber nicht bei uns.«

Coole Begrüßungssätze des Wirtes
an den Stammgast

1. Und was wollen wir heute gegen das Elend tun?
2. Was kann ich gegen Sie tun?
3. Wollen Sie mir bei einem trockenen Martini Gesellschaft leisten?
4. Und scheint die Sonne ins Kellerloch, eins trinken wir noch.
5. Halb besoffen ist rausgeschmissenes Geld.
6. Zwischen Leber und Milz passt immer ein Pils.
7. Bierchen?

Ausreden für Trinker

1. Ich bin nicht besoffen, solange ich auf dem Boden liegen kann, ohne mich festzuhalten.
2. Ich bin nie besoffen, ich kippe immer schon vorher um.
3. Ich habe kein Problem mit Alkohol! Nur ohne!
4. Ich trinke wenig, aber oft, und dann viel.
5. Ich trinke, um meine Probleme zu ersäufen, aber diese verdammten Bastarde können schwimmen.
6. Es gibt mehr alte Säufer als alte Ärzte.
7. Wegen einer Frau wurde ich zum Trinker – und ich hatte nie den Anstand, ihr zu schreiben und mich bei ihr zu bedanken. *(W. C. Fields)*
8. Lieber eine Runde im Lokal als eine Dünne im Bett.

9. Lieber einen wackligen Stammtisch als einen festen Arbeitsplatz.
10. Bei uns kommt kein Tropfen Alkohol auf den Tisch – wir sind sehr vorsichtig beim Einschenken.

Antworten auf die Frage: »Worauf trinken wir?«

1. Darauf, dass wir im Bett sterben.
2. Darauf, dass wir so alt werden, wie wir aussehen.
3. Dass unsere Kinder lange Hälse kriegen!
4. Auf den Weltfrieden!
5. Erheben wir unsere Gläschen zur Kurzweil und Freud unserer Bläschen *(Danny Wilde)*
6. Auf den Alkohol die Ursache und Lösung aller Probleme. *(Homer Simpson)*
7. Auf die Plätze! Fertig! Voll!

sich betrinken

... Prozente schlucken
... volltanken
... einen verlöten
... sich die Nase begießen
... sich einen anträllern
... sich einen hinter den Knorpel jubeln
... sich einen auf die Lampe gießen
... sich einen unters Jackett brausen
... sich die Kante geben
... sich einen hinter den Kragen kippen
... sich gepflegt einen in die Rüstung knistern

Siebzehn Bier

betrunken sein
... dudeldick sein
... hackedicht sein
... lattenstramm sein
... sturzbetrunken sein
... sternhagelblau sein
... knülle sein
... Schlagseite haben
... nasse Socken haben
... einen kleben haben
... einen im Kahn haben
... einen in der Krone haben
... bis zum Kragen voll sein
... bis zur Halskrause voll sein
... breit wie ein Biberschwanz
... blau wie ein Pfau
... voll wie eine Ente
... voll wie ein Parkplatz
... voll wie ein russischer Elternabend
... voll wie eine Strandhaubitze
... voll wie eine Hexe

Antworten des volltrunkenen Kneipengastes auf den Ausruf des Wirtes: »Letzte Runde!«

1. Alaska! (*statt*: Alles klar!)
2. Kino einen? (*statt*: Krieg ich noch einen?)
3. Ägypten? (*statt*: Wer gibt einen aus?)
4. Mama Nonne! (*statt*: Mach noch mal eine Runde!)
5. Eschenbacher! (*statt*: Aschenbecher)
6. Eierfarben! (*statt*: Feierabend!)
7. Eishockey! (*statt*: Alles okay!)
8. Kanu fahrn! (*statt*: Ich kann noch fahren!)

Ausreden des verkaterten Mannes im Unterhemd, der sich nass rasiert und dabei in den Spiegel guckt

1. Und ich dachte schon, ich hab Besuch.
2. Ich kenn dich zwar nicht, aber ich putz dir trotzdem die Zähne.
3. Kenn ich nicht, rasier ich nicht!
4. Ich hab ein Haar auf der Brust, ich bin ein Bär!
5. Hoffentlich hat mein Schaden kein Gehirn genommen. *(Homer Simpson)*
6. Haltet die Welt an, ich will aussteigen!
7. Das letzte Bier war wohl schlecht.
8. Lieber voll heimkommen als leer ausgehen.

> *»Liebling, du sagst doch immer, du hast ein phantastisches Gedächtnis für Gesichter, stimmt's?«*

»Ja, gewiss, mein Schatz!«
»So ein Glück: Ich habe nämlich beim
Saubermachen den Rasierspiegel
zerbrochen!«

10. Sport und Freizeit

Wer einem Manne einen Fisch schenkt, gibt ihm für einen Tag zu essen. Wer ihn die Schlagfertigkeit lehrt, gibt ihm ein Leben lang zu essen.
Alte chinesische Spruchweisheit

Fangfrische Sätze für Angler

1. Es ist mir scheißegal, wer dein Vater ist – solange ich hier angle, läufst du nicht übers Wasser!
2. Der Köder muss dem Fisch schmecken, nicht dem Angler.
3. Wenn das Angeln sein soll, dann ist es noch langweiliger, als ich dachte.
4. Das Wichtigste beim Angeln sind lange Arme, damit man zeigen kann, wie groß der Fisch war.
5. Der Fisch, den man fängt, ist immer groß. *(Chinesisches Sprichwort)*
6. Fische, die bellen, beißen nicht.
7. Angler sterben nicht, sie riechen immer so.

»Guter Mann, hier können Sie aber nicht ohne Erlaubnisschein angeln!«
»Vielen Dank für den Tipp, ich hab's die ganze Zeit mit einem Wurm versucht.«

»Was angeln Sie denn da?«
»Barsche!«
»Haben Sie schon welche gefangen?«
»Nein.«
»Woher wissen Sie denn, dass Sie Barsche
angeln?«

Scherzfrage

Warum haben Fische Schuppen? –
Weil sie ihre Fahrräder im Trockenen
abstellen wollen.

Antworten, wenn beim Joggen ein Kampfhund auf einen zurast und das Herrchen schreit: »Nicht stehenbleiben! Das mag er nicht!!«

1. Mein lieber Spitz und Bogenpisser!
2. Dass mir keiner den Hund beißt.
3. Feiner Hund, feine Klöten.
4. Nicht zu fassen!
5. Friss meine Shorts! *(Bart Simpson)*
6. Geht's noch?
7. Geh bügeln!

Ausreden, wenn man nicht joggen will

1. Ich darf nicht alleine auf die Straße.
2. Ich verlaufe mich immer.
3. Ich habe eine Frischluft-Allergie.

4. Ich habe Angst, dass mir der Himmel auf den Kopf fällt.
5. Das Vogelgezwitscher macht mich rammdösig.
6. Ich habe Angst im Dunkeln.
7. Beim Laufen zwickt meine Turnhose immer so.

Anzeige
Großer Sprüche-Basar am Sonntag auf dem Wortspielplatz hinter der Sporthalle. Zwischen 11 und 17 Uhr kannst du Ausschau halten nach Kalauern und neuen und gebrauchten Sprüchen oder eigene Phrasen in Bares verwandeln. Bist du dabei? Bei Facebook kannst du zusagen und Freunde einladen. Keine faulen Ausreden.

Ausreden für Sportmuffel

1. Zum Fitness-Center müsste ich mit dem Auto fahren – das schadet der Umwelt.
2. Ich jogge nicht, schwimme nicht, fahre nicht Rad – meine einzige körperliche Ertüchtigung ist: Ich huste viel.
3. Lieber bewegungsarm als Tennisarm.
4. Sport ist Mord, nur Sprit hält fit.
5. No sports! *(Sir Winston Churchill)*

Ausreden für Golfer

1. Der Ball hatte Dellen.
2. Der Platz hatte Löcher.
3. Ich habe das Eisen 7 zu stark gegriffen.
4. Ich habe meine innere Mitte nicht gefunden.
5. Mein Putter war kalt.
6. Das Grün war nass.
7. Ich war mental nicht auf der Höhe.
8. Das Quietschen eines Golfwägelchens hat mich kirre gemacht.
9. Ich habe heute nicht mein Handicap gespielt.
10. Ich hätte besser das Eisen 5 nehmen sollen.

Bei einem Rugbymatch werden einem Spieler die Finger einer Hand gequetscht. Er geht zum Arzt. »Wenn meine Hand wieder gesund ist«, fragt er, »werde ich Klavier spielen können?«
»Ja, ganz bestimmt«, beruhigt ihn der Arzt.
»Wunderbar«, sagt der Patient, »vorher konnte ich es nämlich nicht.«

Scherzfrage

Was ist gelb, hat einen Arm und kann nicht schwimmen? – Ein Bagger.

Nassforsche Sätze für Nichtschwimmer

1. Wenn der Bauer nicht schwimmen kann, ist die Badehose schuld.
2. Ist die Badehos zu klein, passt vielleicht nicht alles rein.
3. Wenn die Ente nicht schwimmen kann, liegt es nur am Wasser.
4. Wenn man nicht schwimmen kann, ist das Wasser scheiße.
5. Auch Nichtschwimmer lieben Apfelstrudel.

> »Du, den Schröder haben sie aus dem Schwimmbad geworfen.«
> »Warum denn?«
> »Er hat ins Becken gepinkelt.«
> »Aber das tun doch alle.«
> »Ja, aber nicht vom Fünf-Meter-Brett.«

Wenn eine Frau zu spät zum Pilates-Training kommt

1. Ich hatte eine Lebensmittelschwangerschaft.
2. Ich musste noch meinen Schönheitsschlaf pflegen.
3. Ich musste noch zwei lästige Fliegen von einem Pfirsich scheuchen.
4. Entschuldigung, aber meine Katze ist auf meinem Hausschlüssel eingeschlafen. Ich konnte das arme Tier doch nicht wecken!
5. Mein Nagellack war noch nicht trocken.

Ausreden, warum man sich ein Tattoo machen lässt

1. Brauch ich mir nicht aufzuschreiben, wie meine Freundin heißt.
2. Lieber Arschgeweih als Bierbauch.
3. Lieber ein Arschgeweih als gar kein Selbstvertrauen.
4. Weil es in ist und alle es tun.
5. Weil es einfach bestechend aussieht.

Ausreden, wenn man am Sonnabend nicht ins Stadion will, weil Bayern München kommt

1. Ich hab Durchfall.
2. Ich hab eine Adduktorenzerrung.
3. Meine alte Tante Hertha heiratet.
4. Waschmaschine kaputt – und ich hab einen guten Bekannten, der mir hilft, und der kann nur am Sonnabend um 15 Uhr 30.
5. Ich kann nicht mitkommen, ich bin auf einem Kindergeburtstag.
6. Ich bin rot-gelb gesperrt.
7. Ich muss zur Beerdigung von Tante Käthe.

Pfiffige Ausreden von Fußballern nach einer Niederlage

1. Diese Kulisse hat uns heute zu sehr beeindruckt.

2. Auf diesem nassen Rasen war für uns nichts drin.
3. Wir können die zahlreichen Ausfälle derzeit nicht kompensieren.
4. Der Ball war nicht richtig aufgepumpt.
5. Es ist einfach unglaublich, dass wir so viele Ballverluste hatten und so viele Fouls begangen haben.
6. Gemessen an den Torchancen hätten wir gewinnen müssen.
7. Wenn man ein 0:2 kassiert, dann ist ein 1:1 nicht mehr möglich.
8. Es war wie verhext.
9. Das Tor war wie vernagelt.
10. Der Gegner hat uns überrumpelt.
11. Der Schiri hat uns verpfiffen.

Trainerausreden nach peinlichen Niederlagen im Fußball

1. Meine Spieler standen heute neben ihren Füßen. *(Eduard Geyer)*
2. Heute hatten wir Scheiße anne Füße! *(Hermann Gerland)*
3. *Haste Scheiße* am Fuß, *haste Scheiße* am Fuß! *(Andreas Brehme)*
4. Wir haben 99 % des Spiels beherrscht. Die übrigen 3 % waren schuld daran, dass wir verloren haben. *(Ruud Gullit)*
5. Das Spielfeld war zu lang für Doppelpässe. *(Berti Vogts)*

6. Aus dem Mittelfeld kam zu wenig, von hinten kam zu wenig, vorne kam auch zu wenig. *(Huub Stevens)*
7. Bei uns wird auf dem Platz zu wenig gesprochen. Das könnte an der Kommunikation liegen. *(Erich Ribbeck)*
8. Uns haben teilweise Zentimeter gefehlt, teilweise aber auch die Präzision. *(Ralf Rangnick)*
9. Leider haben wir es vergessen, den Sack zuzumachen, deshalb stehen wir am Ende des Tages mit leeren Händen dar. *(Thomas Tuchel)*
10. Ich bin schwer enttäuscht, weil ich dachte, wir werden nie mehr verlieren. *(Hans Meyer)*
11. Da kann man nicht von Pech sprechen. Da fehlt es an Qualität. Für viele reicht es nicht für die 3. Liga. Vielleicht auch nicht für den Trainer. *(Mehmet Scholl)*
12. Den größten Fehler, den wir jetzt machen könnten, wäre, die Schuld beim Trainer zu suchen. *(Karl-Heinz Körbel)*
13. Das größte Problem beim Fußball sind die Spieler. Wenn wir die abschaffen könnten, wäre alles gut. *(Helmut Schulte)*
14. Grundsätzlich ist es so, dass andere Mannschaften von den Möglichkeiten her mehr Möglichkeiten haben. *(Claus-Dieter Wollitz)*
15. Der springende Punkt ist der Ball. *(Dettmar Cramer)*
16. Der Ball ist rund. *(Sepp Herberger)*
17. Der Ball ist ein Sauhund. *(Rudi Gutendorf)*
18. Ich habe zu meiner Mannschaft gesagt: Stür-

men. Sie haben wohl Türmen verstanden. *(Aleksandar Ristić)*
19. Wenn man keine Tore macht, ist's ganz schwer, ein Spiel zu gewinnen. *(Reinhold Fanz)*
20. Wer das Tor macht, gewinnt. *(Louis van Gaal)*
21. Fußball ist Ding, Dang, Dong. Es gibt nicht nur Ding. *(Giovanni Trappatoni)*
22. Fußball ist ein sehr kompliziertes Spiel. Man muss es einfach spielen, dann ist man erfolgreich. *(Felix Magath)*
23. Im Großen und Ganzen war es ein Spiel, das, wenn es anders läuft, auch anders hätte ausgehen können. *(Eike Immel)*
24. Mal verliert man, und mal gewinnen die anderen. *(Otto Rehhagel)*
25. Lebbe geht weiter. *(Dragoslav Stepanović)*

Unqualifizierte Zwischenrufe während einer Fußballübertragung im Fernsehen

1. Spielen die schon, oder laufen die sich immer noch warm?
2. Wenn du nicht weißt, wohin mit dem Ball: entweder zu mir oder ins Tor.
3. Lieber eine Schwester im Puff als einen Bruder beim FC Bayern München.
4. Dumm kickt gut!
5. Fußball ist wie Schach. Nur ohne Würfel.

Ausreden des Schachspielers, der ein wahnsinnig wichtiges Turnier verloren hat

1. Ich hatte mich auf den falschen Gegner vorbereitet.
2. Ich war müde und matt.
3. Mein Gegner hatte so ein nervöses Zucken im Auge, dass ich mich nicht konzentrieren konnte.
4. Gegen meinen Angstgegner verliere ich immer.
5. Das Glück ist mit die Doofen!

Gute Frage

Wo ist diese scheiß Schlagfertigkeit, wenn man sie am dringendsten braucht?
(Angeschlagener Boxer in der linken Ring-Ecke)

Treffsichere Spielansagen beim Skat

1. Wenn man nicht weiß, wie oder wo, spielt man Karo.
2. Karo heißt der Hühnerhund.
3. Karo einfach, belegt mit Daumen und Zeigefinger.
4. Hosen runter!
5. Am Arsch hängt der Kamm.
6. Hinten stechen die Bienen.
7. Herzlich lacht die Tante.
8. Was liegt, wackelt nicht.

9. Raus mit der Mutter an die Frühlingsluft!
10. Solange es läutet, ist die Kirche nicht aus.
11. So spielt man mit Studenten!
12. Karte oder Stück Holz.

Scherzfrage
Welches Pferd hat sein Arschloch oben? –
Das Polizeipferd.

Heilsame Sätze, wenn man vom Pferd gefallen ist

1. Das gibt Abzüge in der B-Note.
2. Der Apfel fällt nicht weit vom Pferd.
3. Das Pferd ist vorne hinten als höher.
4. Ich mag Pferde nicht – sie sind unbequem in der Mitte und gefährlich an beiden Enden.
5. Das größte Glück der Pferde ist der Reiter auf der Erde.
6. Wenn der Reiter nichts taugt, hat das Pferd schuld.
7. Ruhig, Brauner, ruhig.
8. Ich mach mich dann mal vom Gehöft.

11. Reise und Erholung

Ausreden des Reiseveranstalters

1. aufstrebender Ferienort (*statt:* Baulärm rund um die Uhr)
2. neu eröffnetes Hotel (*statt:* Achtung, Baustelle!)
3. Meerblick (*statt:* Das Meer ist JWD.)
4. direkt am Meer (*statt:* Baden verboten)
5. Naturstrand (*statt:* keine Infrastruktur)
6. ruhige Lage (*statt:* keine Freizeitangebote)
7. zentrale Lage (*statt:* Verkehrslärm und Nachtleben)
8. idyllische Lage (*statt:* Hier liegt der Hund begraben.)
9. landestypische Einrichtung (*statt:* Da liegt der Kamm neben der Butter.)
10. rustikale Einbauküche (*statt:* zerschrammelte Eichenmöbel, Heiligenbilder, Wagenrad als Kronleuchter)
11. beheizbarer Swimmingpool (*statt:* Strand ist verdreckt.)
12. junges Service-Team (*statt:* unerfahrene Mitarbeiter)
13. unaufdringlicher Service (*statt:* Personalmangel)
14. einheimische Kost (*statt:* Montezumas Rache)
15. besonders für junge Leute geeignet (*statt:* Feiern bis der Arzt kommt)

16. abendliche Tanzveranstaltungen (*statt*: hoher Lärmpegel und laute Musik)
17. kurzer Transfer zum Flughafen (*statt*: Das Hotel befindet sich auf der verlängerten Startbahn.)

Ein Mann betritt ein Reisebüro und fragt:
»Ich suche für meine Frau einen Winterkurort in den Bergen. Haben Sie etwas Hübsches mit Lawinengefahr?«

»Papi, wo liegen die Kleinen Antillen?«
»Frag Mutti, die räumt immer das Medizinschränkchen auf.«

Wie man am Flughafenschalter mit völlig Fremden ins Gespräch kommt

1. Dieser Urlaub ist genau das, was mir mein Arzt verschrieben hat.
2. Ich komme gerade von einem einmaligen Urlaub in Dubai. Also, ich sage Ihnen – nie wieder.
3. Buchen Sie jetzt! Eichen können Sie später.
4. Wenn Engel reisen, lacht der Himmel.
5. Lieber am Busen der Natur als am Arsch der Welt.
6. Lieber Fremdenverkehr als gar keinen.
7. Merke: Auch in Baden-Baden vorher duschen-duschen.

In einer Chartermaschine hört man kurz
nach dem Start aus dem Lautsprecher:
»Meine sehr verehrten Damen und Herren,
der Kapitän begrüßt Sie im Namen der
Fluggesellschaft sehr herzlich. Das Flugzeug
wird von einem automatischen Piloten
gesteuert, es kann überhaupt nichts passieren,
passieren, passieren, passieren, passieren ...!«

Ausreden der Fluggesellschaft

1. Wegen eines technischen Problems gibt es eine etwa dreistündige Verspätung.
2. Die zu geringe Flughafenkapazität ist schuld an der Verspätung.
3. Wegen extremer Wetterverhältnisse kommt es zu Verspätungen.
4. Der Flugverkehr verzögert sich aufgrund streikender Passagiere.
5. Weil das Flughafenpersonal streikt, kommt es zu Verspätungen.
6. Sorry, es gab Probleme beim Auftanken in der Luft.
7. Weil die Maschine zwei ungeplante Zwischenstopps einlegen musste, kommt es zu Verspätungen.
8. »Wir haben eine Bombe an Bord.« – »Eine Bo ...?« – »Nein, keine Bo, eine Bombe!« *(Die unglaubliche Reise in einem verrückten Raumschiff)*
9. Wegen der Ruhezeit der Crew verspätet sich der Flug.

10. Willkommen an Bord dieser Boeing 737. Irgendwann werden wir damit nach London fliegen, bis dahin wünsche ich Ihnen einen angenehmen Tag ... *(Kamagurka)*

Herr Nagelschmitz ist in der Sommerfrische an der Côte d'Azur. Er sieht im Wasser eine reizende Dame, geht auf sie zu und küsst sie. Die Dame: »Sie unverschämter Don Juan! Das werden Sie mir bezahlen!« Darauf Nagelschmitz: »O weh! Bezahlen?! Ich dachte, ich hätte es mit einer Dame zu tun!«

Federleichte Sätze für den Strand

1. Alles, was Sie hier sehen, verdanke ich Spaghetti. *(Sophia Loren)*
2. Ein schöner Rücken kann entzücken, ein guter Bauch tut's auch.
3. Bier formte diesen wunderschönen Körper.
4. Fett schwimmt oben.
5. Die Sonne scheint mir auf den Bauch, soll sie auch.
6. Die Sonne scheint mir ins Gesicht, soll sie nicht.
7. Ich liege am Mittelmeer und habe keine Mittel mehr.
8. Ich liebe das Meer. Es ist so tief, so geheimnisvoll. So voller Fische. *(French Kiss)*
9. Lieber am Strand braten als am Herd kochen.
10. Mir ist heiß. Darf ich mich in Ihren Lidschatten setzen?

Scherzfrage

Was hat einen Sprachfehler und liegt am
Strand? – Eine Nuschel.

Herausragende Ausreden von Franz Kafka, der im Sommer 1920 in Meran zur Kur war, und von Milena Jesenská gebeten wurde, sie anschließend in Wien zu besuchen

1. Ich will nicht (Milena, helfen Sie mir! Verstehen Sie mehr, als ich sage!). Ich will nicht (das ist kein Stottern) nach Wien kommen, weil ich die Anstrengung geistig nicht aushalten würde.

2. Ob ich nach Wien komme, kann ich heute noch nicht sagen, ich glaube aber, ich komme nicht.

3. So war es gestern, heute würde ich z. B. sagen, dass ich sicher nach Wien kommen werde, da aber heute heute und morgen morgen ist, lasse ich mir noch die Freiheit. Überraschen werde ich Dich keinesfalls, auch nicht nach Donnerstag kommen. Komme ich nach Wien, schreibe ich Dir einen Rohrpostbrief.

4. Ich komme ganz bestimmt nicht, sollte ich aber doch – es wird nicht geschehn – zu meiner schrecklichen Überraschung in Wien sein, dann brauche ich weder Frühstück noch Abendessen, sondern eher eine Bahre, auf der ich mich ein Weilchen niederlegen kann.

5. Ich tue es nicht, schon äußerlich ist es unsinnig, nicht den kurzen Weg über München zu

nehmen, sondern den doppelt so langen über Linz und dann auch noch weiter über Wien.

6. Nun fahre ich aber zweifellos nicht über Wien, sondern Montag über München, wohin, weiß ich nicht, Karlsbad, Marienbad, jedenfalls allein. Schreiben werde ich Ihnen vielleicht.

7. Letzthin habe ich wieder von Ihnen geträumt, es war ein großer Traum [...]. Ich war in Wien.

Zwei Urlauber treffen sich in der Sahara.
Fragt der eine: »Sagen Sie mal, wie weit ist es
bis zum Meer?«
Antwort: »Dreiundachtzig Kilometer!«
Darauf der erste: »Ganz schön breiter Strand
hier, was?!«

Spitze Bemerkungen, wenn man eine Reise mit einem Hundeschlitten durch Nordnorwegens tiefverschneite Landschaft macht

1. Wenn ich das vorher gewusst hätte, wäre ich erst gar nicht mitgekommen.
2. Endlose Skischeiße. *(Walter Kempowski)*
3. Weißes Wunderland voller wonniger Winterfreuden!

4. So kalt, dass dem Messingaffen die Eier abfrieren.
5. So kalt, dass Jesus Eiswürfel pisst.
6. So weit das Auge sieht, alles dicke Driet!
7. Wo kein Schnee liegt – Dauerlauf.
8. Ist ja primitivlos.
9. Laaaaangweilig! *(Homer Simpson)*
10. Scheiß der Hund drauf!

Anzeige
Frisch eingetroffen!
Ausreden für Umwelt- und Tierschützer und wenn man keine Lust auf Wasserpolo hat. Außerdem Sprüche für Frauen ab 40 im Angebot.
Dörthe's Sprücheparadies. Bad Wuschl, Hafenstraße 2.

Ein Touristen-Dampfer kentert auf dem Nil und geht langsam unter. Vom Ufer aus schwimmen Krokodile auf das Schiff zu. Sagt ein amerikanischer Passagier: »Typisch Dritte Welt, nix zum Futtern, aber die Rettungsboote sind von Lacoste.«

Scherzfrage
Wohin fliegt ein schwuler Adler? – Zu seinem Horst.

Wenn man zu Besuch auf der Vogelschutzinsel Memmert ist

1. Ich bin gut zu Vögeln und zu anderen Tieren.
2. Vögel, die früh singen, frisst die Katze.
3. Erdrosselt die Amseln nicht!
4. Ein Ornithologe, der keinen Vogel hat, hat eine Meise.
5. Manche Vögel haben eine Meise, weil sie glauben, ein Star zu sein.
6. Wenn ich ein Vogel wäre, wüsste ich ganz genau, wen ich als Erstes anscheißen würde.
7. Aus der Vogelperspektive sieht Memmert aus wie ein Mehlsack.

Badegast: »Gibt's hier Quallen, Seeigel oder Krebse?«
Strandwärter: »Keine Angst – die werden alle von den Haien weggeputzt.«

Neulich in den Bergen
»Gibt es hier ein Echo?«
»Gibt es hier ein Echo?«

Überraschungsrufe während einer Sightseeing-Tour durch Berlin

1. Wie geil ist das denn?
2. Hahaha, wie krank ist das denn?
3. Schön ist was anderes.

4. Schön ist Dreck dagegen.
5. Schade um das schöne Geld.
6. Eigentlich ja uncool, aber ich find's geilomat.
7. Das bockt krassomat.
8. Das rockt, und zwar gewaltig.
9. Dufte ist zweimal so schnafte wie knorke.
10. Zum Niederknien schön.
11. Stinkt ditte, eye.

> *»Haben Sie schon mal getrennten Urlaub*
> *gemacht?«*
> *»Ja, vor fünf Jahren. Hat mir gut gefallen.«*
> *»Und Ihrem Mann?«*
> *»Weiß ich nicht – er ist noch nicht zurück.«*

Kindermund

> *Lena braust schwungvoll mit dem Fahrrad*
> *daher – und schwupps liegt sie auch schon auf*
> *der Nase. Eine Spaziergängerin hat's gesehen*
> *und fragt voller Mitgefühl: »Bist du gestürzt?«*
> *Darauf Lena lakonisch: »Nein, ich steige*
> *immer so ab!«*

Wenn man zu spät mit dem Fahrrad zu den Olivenöl-Abholtagen in der Toscana kommt

1. Mein Fahrrad hatte einen Platten, und ich konnte die Luftpumpe nicht finden.
2. Bei meinem Fahrrad ist die Kette dreimal abgesprungen.

3. Wer sein Fahrrad liebt, der schiebt.
4. Bin mit meinem Bike im Stau steckengeblieben.
5. Ich hatte plötzlich keine Luft mehr im Reifen und musste den Rest des Weges schieben.
6. Ich hatte gewaltigen Gegenwind und bin mit dem Rad kaum von der Stelle gekommen.
7. Eine Schafherde hat die ganze Straße blockiert. Es war richtig, dass ich den Vorfall gemeldet und dann gewartet habe.

Eine deutsche Touristin in einem Indianerreservat: »Sie – Sie sind ein Indianer?«
»Ja, meine Dame.«
»Ach, und ich dachte immer, Indianer haben Federn.«
»Stimmt«, erwidert die Rothaut, »ich bin gerade in der Mauser.«

12. Kunst und Kultur

Wie man sich bei einer Vernissage als Kunstexperte profiliert, ohne die geringste Ahnung von Kunst zu haben

1. So was scheiße ich in den Schnee – bei Nacht.
2. Ist das Kunst, oder kann das weg?
3. Alles Geschmacksache, sagte der Affe und biss in die Seife.
4. Und schon wieder ist es gelungen, aus Scheiße Bratkartoffeln zu machen.
5. Kunst kommt von Können, käme es von Wollen, hieße es Wulst.
6. Kunst ist, aus Nichts etwas zu machen und es zu verkaufen. *(Frank Zappa)*
7. Daneben scheißen kann jeder. An die Decke pinkeln – das ist Kunst.
8. Nicht schlecht gemacht! Aber ist es Kunst?

>*»Unerhört«, sagt die Frau im Kino zu ihrem Begleiter, »da vorn sitzt mein Mann mit einer Blondinen im Arm, während ich meine kranke Mutter besuche.«*

Wenn man zu spät in die Kinovorstellung kommt

1. Auf dem Weg wurde ein Film in Zeitlupe gedreht.

2. Unser Nachbar hat bei offenem Fenster einen Western auf DVD geguckt, und da war eine Schießerei, und die war so laut, dass ich mich kaum aus dem Haus getraut habe.
3. Ich glaub, ich bin im falschen Film.
4. Ich bin in eine Großfahndung der Polizei geraten. Und weil ich keine Fahrzeugpapiere bei mir hatte, wurde mein Auto von der Polizei durchsucht. Das hat etwas gedauert.
5. Ich bin beim Zeitunglesen auf der Toilette eingeschlafen.

Wie man eine Einladung ins Kino ablehnt

1. Darüber hab ich ganz schlechte Kritiken in der FAZ gelesen.
2. Ihr könnt den roten Teppich wieder einrollen – ich komme nicht. Meine Oma wird hundert.
3. Asche auf mein Haupt, aber ich habe eine Bindehautentzündung.
4. Heute ist mein Geburtstag. Ich hatte es ganz vergessen.
5. Ich würde ja wahnsinnig gerne mitkommen, aber gerade an diesem Abend habe ich Karten für die Oper.

Bei der Opernprobe singt ein junger Heldentenor eine Liebesarie. Da unterbricht ihn der Regisseur: »Mehr Leidenschaft! Haben Sie denn noch nie geliebt?«

Darauf der Tenor: »Das schon, aber noch nie dabei gesungen.«

Wenn man zu spät in die Oper kommt

1. Das Auto meines Vaters sprang erst nach einer halben Stunde an.
2. Tut mir leid, ich habe keine Flügel. Ich war noch im Garten.
3. Ich musste noch die Nachbarskatze füttern.
4. Ich habe unterwegs eine Kontaktlinse verloren.
5. Der Uhrzeiger meiner Armbanduhr hat geklemmt. Ich dachte, dass es erst sieben statt acht Uhr sei.

In der Opernloge. Graf Bobby, durchs Opernglas blickend: »Ein festliches Publikum heute wieder. Schau, da unten sitzt die Gräfin Weißenstein!«
Rudi: »Geh, die Weißenstein ist doch schon tot.«
Bobby: »Aber wo, sie bewegt sich doch!«

Aus der Praxis für die Praxis

1. Ich habe Ihnen für die erste Vorstellung zwei Eintrittskarten reservieren lassen. Bringen Sie einen Freund mit, falls Sie einen haben. *(G. B. Shaw an Winston Churchill)*
2. Bin zur ersten Vorstellung leider verhindert. Komme gerne zur zweiten, falls es eine gibt. *(Winston Churchill an G. B. Shaw)*

Schlagfertige Sprüche nach einer Theaterpremiere, für die man Freikarten bekommen hat (von einem befreundeten Schauspieler)

1. Das war wirklich ein starkes Stück.
2. Das war mal wieder richtiges Theater.
3. Das nenn ich oberaffengeil.
4. Spaß muss sein, sprach Wallenstein.
5. Quatsch mit Anlauf.
6. Ganz großes Kino.
7. Hätte ich Tränen dabeigehabt, ich hätte dieselben geweint. *(Karl Valentin)*
8. Das war so schlecht, dass es schon wieder gut war.

Wenn man zu spät in die Theatervorstellung kommt

1. Ich konnte das Theater wegen des dichten Nebels nicht finden.
2. Der Mann vor mir ging so langsam, und der Eingang zur Zuschauerloge war so eng.
3. Ich konnte nicht rechtzeitig kommen, da der Reißverschluss meiner Hose klemmte.
4. Ich musste noch Überstunden machen.
5. Ich wurde unterwegs von einem Clown überfallen.

Die leidige Pflicht

Der Wiener Komiker Alexander Girardi
kam immer zu spät zur Probe. Einmal war
es ganz arg. Der Regisseur war böse. »An
Ihrer Stelle wäre ich gar nicht gekommen!«,
sagte er sarkastisch. »Ja«, erwiderte Girardi,
»weil Sie kein Pflichtgefühl haben.« (Peter
Köhler)

Wenn man sich bei einem Klassikkonzert zu weit aus der Loge beugt und im Orchestergraben landet

1. Es ist gar nicht übel. Sollten Sie auch mal probieren.
2. Hat Spaß gemacht.
3. Sorry, mir ist der Arsch eingeschlafen!
4. Man müsste Kontrabass spielen können.
5. Der nächste Tanz ist wieder mit Musik.
6. Musik, oder ich scheiße in den Saal!
7. Ist ein Arzt im Saal?

Das Ehepaar im Konzert. Mitten in der
Sinfonie stößt sie ihn an und flüstert:
»Stell dir vor, mein Nachbar schläft!«
»Und deswegen weckst du mich?«

Herrlich spontane Äußerungen, wenn Ihr Mobiltelefon im Kammerkonzert mal laut klingelt

1. Kann man nicht wenigstens EINMAL seine Ruhe haben?
2. Jetzt klingelt auch noch das Telefon!
3. Wahrscheinlich wieder ein obszöner Anruf für mich.
4. Da ist meine Mutter dran, eine ganz, ganz famose Person.
5. Wenn ich das im Klub erzähle, die werden es nicht glauben.

Die hohe Kunst der Schlagfertigkeit (2)

Herr Löffler hat kein Glück bei Frau Jabbelmann. Er versucht alles Mögliche, Frau Jabbelmann beißt nicht an. Eines Tages tritt Frank Sinatra in der Stadt auf. Herr Löffler geht mit Frau Jabbelmann zum Konzert. Irgendwie gelingt es ihm, sich in die Garderobe von Frank Sinatra zu schmuggeln. Herr Löffler schildert Fränkieboy sein Problem und bittet ihn, nach dem Konzert wie zufällig an seinem Tisch vorbeizukommen und ein herzliches »Hällo, Mister Löffler« zu rufen. Das würde bei Frau Jabbelmann Eindruck machen. Sinatra willigt ein und geht tatsächlich nach der Show zu Löfflers Tisch und sagt: »Hällo, Mister Löffler.« Der ganze Saal starrt auf Löffler. Und der erwidert: »Hau ab, du Schnulzenfuzzi!«

Ausrufe, wenn jemand während eines Klavierabends mit Kompositionen von Chopin heftig niest

1. Lappen oder Notarzt?
2. Bring nicht den Schwamm in die Bude!
3. Aufwischen!
4. Stirb leise!
5. Verreck, du Aas!
6. Na, Hand voll?
7. Gott schütze deine Schönheit!

> *Ein Mann steht im Pissoir. Er muss niesen.*
> *Dabei fällt ihm die Brille runter. Er bückt sich,*
> *um sie aufzuheben, dabei lässt er einen fahren.*
> *Staunend beobachtet das ein Nebenmann:*
> *»Und mit den Ohren können Sie gar nichts?«*

Ausreden der Verlage bei unverlangt eingesandten Manuskripten

1. Sehr gut geschrieben, aber leider für unser Programm nicht geeignet.
2. Der Trend ist durch.

3. Wir können keinen Trend erkennen.
4. Supertolles Buch, aber wir haben keinen Programmplatz mehr frei.
5. Das Genre haben wir nicht im Programm.
6. Von diesem Genre haben wir leider schon genug.
7. Ein Tritt in den Hintern sagt mehr als tausend Worte.

Verleger zum Autor: »Seit zwei Monaten erwarten wir Ihr Manuskript, und Sie liefern nichts. Was ist mit Ihnen los?« Schriftsteller: »Ich liefere nicht, weil bei mir zu Hause alles in Ordnung ist. Ich kann nur arbeiten, wenn ich unbezahlte Rechnungen, kranke Kinder und Krach mit meiner Frau habe.«

Ausreden des Autors bei einer Schreibblockade

1. Aller Schwerfang ist an.
2. Ich bin von einer Spinne dreimal gebissen worden.
3. Die Muse hat mich nicht geküsst, ich weiß auch nicht, warum.
4. Ich bin frisch verliebt und kann nicht mehr klar denken.

Antworten des Autors bei Lesungen auf die Frage: »Wie kommt man nur auf so was?«

1. Aller Unfug ist schwer.
2. Manche Menschen halten Nonsens für Unfug. Das ist natürlich Nonsens.
3. Schreiben ist leicht. Man muss nur die falschen Wörter weglassen. *(Mark Twain)*
4. Der erste Satz ist der schwerste.
5. Entscheidend ist der nächste Satz.

> *Ein Mann zur berühmten Autorin:*
> *»Ich habe Sie mir ganz anders vorgestellt.«*
> *»So, wie denn? Etwa alt und hässlich?«*
> *»Nein, im Gegenteil.«*

Antworten auf: »Ach, Sie gucken Pornos!?«

1. Ich gucke Pornos nur wegen der Dialoge.
2. Als Oberstaatsanwalt sehe ich mir solche Filme natürlich nur aus beruflichen Gründen an.
3. Stil ist nicht das Ende vom Besen, und Niveau ist keine Hautcreme.
4. Es fickt die Biene, es bumst der Bär – lang lebe der Geschlechtsverkehr.
5. Keine Ehe vor dem Sex.
6. Gott, bist du prüde.
7. Leider geil.

Ablenkende Zwischenfragen bei einem politischen Diskussionsabend als Studiogast im Fernsehen

1. Kann man Toastbrot einfrieren?
2. Haben Sie schon einen Tannenbaum?
3. Wo ist der Bus?
4. Wo ist Behle? *(Bruno Moravetz)*
5. Wer ist tot?
6. Gehört eine Pinzette eigentlich zu den Zupfinstrumenten?
7. Heißen Teigwaren Teigwaren, weil sie vorher Teig waren?
8. Leben Verheiratete länger, oder kommt ihnen das nur so vor?
9. Was soll das Verfallsdatum auf saurer Sahne?
10. Und wo steht der Bus?

Ausreden, um ein Fernseh- oder Radiointerview abzubrechen

1. Entschuldigen Sie, ich muss das Interview jetzt abbrechen. Wir hatten nicht abgemacht, dass wir so lange ein Interview machen. Ich habe noch ein anderes Interview.
2. Bin gleich wieder da, hole mir nur einen frischen Tomatensaft.
3. Tut mir echt sorry, aber ich muss jetzt auf die Toilette.
4. Wie lange dauert das denn hier? Ich hab meine Kaffeemaschine angelassen.

13. Geld & Geschäfte

Antworten auf die Frage:
»Wie gehen die Geschäfte?«

1. Vormittags ist nichts los, und nachmittags lässt es etwas nach.
2. Comme çi, comme ça.
3. Das möchten Sie wohl gerne wissen, Kumpel?
4. Ich bin zufrieden. Morgens verkaufe ich meine zwei Brieftauben, und am Abend sind sie wieder da.
5. Zum Klagen fehlt mir das Geld.
6. Kann nicht besser klagen.
7. Geschäft blüht – nix in der Kasse.

»Liebling«, ruft die Ehefrau entzückt und bleibt vor dem Schaufenster mit dem teuren Hut stehen, »diesen Hut oder keinen.«
»Also gut«, sagt er, »dann keinen.«

Stürzt ein Mann ins Zigarettengeschäft und brüllt: »Eine Schachtel Streichhölzer, aber schnell! Ich hab's eilig!«
»Schreien Sie nicht so« erwidert der Verkäufer. »Ich bin ja schließlich nicht taub. Mit oder ohne Filter?«

Ein Mann fragt in einem Waffengeschäft nach einem Revolver. Verkäufer: »Es gibt da verschiedene Modelle. Was darf's denn für einer sein?«
Kunde: »Ist mir egal – für fünf Personen.«

Zwei Ladendiebe unter sich. »Na, wie geht's?«
»Danke, wie man's nimmt.«

Wenn man beim Ladendiebstahl erwischt wird

1. Nehmen Sie die Waffe weg, ich habe einen nervösen Magen.
2. Tut mir leid, ein altes Berufsleiden von mir. Sie verstehen?
3. Sorry, ich bin Kleptomane/Kleptomanin und *muss* einfach alles klauen, was nicht niet- und nagelfest ist. Hier ist mein Attest.
4. Lieber fünf Minuten Angst als einen Monat arbeiten.
5. Es ist ein besserer Kick als Drachenfliegen oder mit einer Nagelschere eine Federboa zerschnippeln.
6. Das war einfacher als einem Kind einen Lutscher zu klauen.
7. Darf ich mich selbst bestrafen?

Dreimal kurz gelacht

*Kommt ein Mann zum Bäcker und verlangt
ein Brötchen.
Der Bäcker: »Nehmen Sie doch zwei, dann
haben Sie eins mehr.«*

*Mann zum Bäcker: »Ich hätte gerne
30 Brötchen!«
Bäcker: »Nehmen Sie doch 40, dann platzt
die Tüte!«*

*Mann zum Bäcker: »Ich hätte gerne
99 Brötchen!«
Bäcker: »Nehmen Sie doch 100!«
Mann: »Wer soll die denn alle essen?«*

Schneidende Bemerkungen der Bäckereifachverkäuferin

1. Und sonst noch?
2. Und außerdem?
3. Haben Sie sonst noch einen Wunsch?
4. Darf es sonst noch was sein?
5. Außerdem?

Wenn man auf der Straße von einem wildfremden Menschen umarmt wird.

1. Sonst hast du keine Schmerzen?
2. Is was, oder klemmt's Höschen?
3. Bei Rot über die Ampel zu gehen ist keine Lö-

sung. Drück die Ampel, umarme das Leben! Aber nicht mich.

4. Wenn du Kontakt suchst, greif in die Steckdose!
5. Und Sie sind auch bestimmt kein Personenschützer?
6. So schön hatte ich mir das nicht vorgestellt.
7. Immer wieder gerne.
8. Zieh dich aus, leg dich hin, wir müssen reden.

Ein Blinder geht mit seinem Blindenhund in ein Kaufhaus, packt das Tier am Schwanz und wirbelt es über dem Kopf zweimal im Kreis herum. Ein anderer Kaufhausbesucher stellt ihn empört zur Rede. Der Blinde: »Man wird sich wohl noch umschauen dürfen?«

Wenn man beim Schlangestehen an der Kasse den Atem eines fremden Menschen im Nacken spürt

1. Hab ich Honig am Hintern?
2. Hab ich Speck in der Tasche, dass Sie mir ständig nachlaufen?
3. Bitte Abstand halten, so gut kennen wir uns ja nicht.
4. Lass das, meine Mutter hasst das.
5. Willste mir ein Gespräch ans Bein binden?
6. Kauf dir einen Kranz und warte auf dem Friedhof, bis du begraben wirst!
7. Sie sollten mal etwas für Ihre Technik im Be-

schatten tun. Sie ist zu durchsichtig, viel zu durchsichtig.

> *Vor der Kasse im Supermarkt wartet eine lange Schlange. Justin-Kevin drängelt sich rücksichtslos nach vorne. Ein älterer Herr wehrt sich: »Können Sie sich nicht hinten anstellen?«*
> *Darauf Justin-Kevin: »Leider nein, dort steht schon jemand!«*

Scherzfrage

> *Was macht man, wenn man im Urwald auf eine Schlange trifft? – Anstellen.*

Wenn man im Supermarkt versehentlich einen Berg Toilettenpapier umstößt

1. Tut mir herzlich leid, aber ich bin nun mal ein umwerfender Typ.
2. Ich bin eben ein Scheißtyp!
3. Für die einen ist es Toilettenpapier, für die anderen ist es die längste Serviette der Welt.
4. Toilettenpapier sollte man immer zweiseitig benutzen. Der Erfolg liegt auf der Hand.
5. Das war ich nicht!

Ausreden der genervten Modeverkäuferin

1. Der Artikel ist zurzeit nicht lieferbar.
2. Das bekommen wir erst wieder im Herbst rein.
3. Alles, was da hängt.
4. Haben wir nicht, können wir nicht, kriegen wir auch nicht mehr rein.
5. Tun haben wir noch keins, aber kriegen könnt sein, dass wir bald welche täten.
6. Gucken kostet nichts.
7. Sie können alles tragen.

> »Hier haben Sie Ihren Fallschirm«, sagt der Verkäufer.
> »Und was tue ich, wenn er nicht aufgeht?«
> »Dann können Sie ihn umtauschen, Sie haben ein Jahr Garantie.«

Ausreden für Schuldner

1. Meine Bank ist gerade abgebrannt.
2. Ich bin zu alt, ich kann das nicht mehr zahlen. Gehen Sie bitte zu einem Jüngeren.

3. Einem nackten Mann kann man nicht in die Tasche greifen.
4. Ich habe beide Arme gebrochen und kann keinen Scheck unterschreiben.
5. Kann nicht zahlen – bin leider verstorben.
6. Letzte Woche hätte ich es gehabt.
7. Ich erwarte eine Erbschaft.

Wenn man in einer Spielbank innerhalb kürzester Zeit Haus und Hof verspielt

1. Hab die Arschkarte gezogen.
2. Hab aufs falsche Pferd gesetzt.
3. Das haut die Wurst aus der Pelle.
4. Ich war spielsüchtig.
5. Das Einzige, was man ohne Geld machen kann, sind Schulden.
6. Am besten, ich kaufe mir einen Strick und erschieße mich da, wo das Wasser am tiefsten ist.
7. Ich häng mich auf, wenn alle Stricke reißen.

Prompte Antworten auf: »Man kann auch mit ehrlicher Arbeit reich werden.«

1. Man kann auch mit Reißnägeln gurgeln.
2. Man kann auch einen Mäusekötel in zwei Teile spalten.
3. Man kann sich auch ein Monogramm in den Bauch beißen.
4. Man kann sich auch einen Ring durch die Nase ziehen

5. Man kann sich auch ein Loch ins Knie bohren und heiße Milch reingießen und dann warten, bis sich eine Haut bildet.

Supersmarte Sätze für reiche Trottel

1. Reichtum schändet nicht, und Armut macht auch nicht immer glücklich.
2. Eure Armut kotzt uns an.
3. Geld ist besser als Armut – wenn auch nur aus finanziellen Gründen.
4. Früher war ich immer pleite. Dann hab ich's mal mit Geld probiert.
5. Schön, wenn man reich ist – kein Schlangestehen.
6. Lieber reich und gesund als arm und krank.
7. Der Scheck heiligt die Mittel.

Ausreden in der Werbung

1. So wertvoll wie ein kleines Steak. *(Fruchtzwerge)*
2. Auf diese Steine können Sie bauen. *(Bausparkasse Schwäbisch Hall)*
3. Wir machen den Weg frei. *(Volksbanken Raiffeisenbanken)*
4. Aus Freude am Fahren. *(BMW)*
5. Nicht nur sauber, sondern rein. *(Ariel)*
6. Da weiß man, was man hat. *(Persil)*
7. Katzen würden Whiskas kaufen. *(Katzenfutter)*
8. Bauknecht weiß, was Frauen wünschen. *(Waschmaschine)*
9. Geht nicht, gibt's nicht! *(Praktiker)*
10. Geiz ist geil! *(Saturn)*

Anzeige
Faule Ausreden zu fairen Preisen.
Wir führen alle gängigen Ausreden und haben die richtigen Antworten auf Lager. Lieferung frei Haus. Heide Witzka – die Ausreden-Spezialistin mit Vollservice (im Famila-Center)

Ausreden für Steuerflüchtlinge

1. Spare in der Schweiz, so hast du in der Not.
2. Man darf dem Geld nicht hinterherrennen, sondern muss ihm entgegenkommen.
3. Geld wird nur zum Problem, wenn man entweder zu viel oder zu wenig hat.

4. Geld stinkt nicht, es riecht bloß komisch.
5. Schon wieder Geld, von dem die Frau nichts weiß.
6. Über Geld spricht man nicht, Geld hat man.
7. Bargeld lacht.

Wenn man gerade klamm ist

1. Womit ich kein Geld verdiene, ist meiner Frau egal.
2. Lieber Lohnausgleich als Lohn gleich aus.
3. Arm sein ist keine Schande, wenn man nur genug Geld hat.
4. Mein Portemonnaie hat die Schwindsucht.
5. Geld wird überbewertet.
6. Geld allein macht nicht glücklich, man muss auch etwas dafür kaufen können.
7. Wieso ist am Ende des Geldes immer so viel Monat übrig?

Ausreden am Bankschalter

1. Hände hoch, ich bin Achselfetischist! *(Danny Wilde)*
2. Wenn ich aus einer Bank rausgehe und nicht mindestens fünf Riesen in der Tasche habe, fühle ich mich als Versager. *(Jack Foley)*
3. Seien Sie so nett und geben mir Ihre großen Scheine.
4. Hände hoch – oder auch nicht.
5. Rück die Kohle raus!

14. Gäste und Feste

Ausreden, wenn man keinen Bock auf eine Party hat

1. Ich kann noch nicht fest zusagen, da unser Geschäftsführer aus Berlin da ist, werde aber versuchen, mit ihm zusammen zu kommen.
2. Ich bin mit Elke in Hannover.
3. Wir sind in München.
4. Ich habe mir gerade das Rauchen abgewöhnt und will nicht in Versuchung kommen.
5. Ich muss bei der Polizei eine Leiche identifizieren.

»Ich hätte gerne rote Rosen.«
»Lange?«
»Wie, Sie vermieten die auch?«

Schlaue Sätze für die Geburtstagsfeier

1. Besser in die Hand geschissen als gar keinen Blumenstrauß.
2. Man wird alt wie eine Kuh und lernt immer noch dazu.
3. Geburtstage sind gut für die Gesundheit. Je mehr man davon bekommt, desto älter wird man.
4. So alt, wie du aussiehst, möchte ich mal werden.

5. So jung kommen wir nicht mehr zusammen.
6. Ich weiß noch, wie du als Quark im Schaufenster gelegen hast.
7. Ich weiß noch gut, wie du mit der Trommel um den Weihnachtsbaum gelaufen bist.
8. Willkommen im Club.

Wie man Begeisterung heuchelt bei selbst gebastelten Geburtstagsgeschenken

1. Holla die Waldfee.
2. Nun kriegt der Hund junge Katzen.
3. Ein Onkel, der was mitbringt, ist besser als eine Tante, die Klavier spielt.
4. Da brat mir einer einen Storch, aber die Beine schön knusprig.
5. Allererste Sahne!
6. Ganz großes Tennis!
7. Megageil!

Wie man sich auf einer Party vorstellt und sich bekanntmacht

1. Gestatten, Graf Rotz von der Backe.
2. Angenehm, Graf Koks von der Gasanstalt.
3. Ich habe Schwierigkeiten, mir deinen Namen zu merken. Darf ich dich einfach Holzkopf nennen?
4. Haben Sie schon gewusst, dass Polen und Indianer die besten Liebhaber sind? Ach übrigens, mein Name ist Winnetou Koslowski.

5. Wenn man einen Namen hat, ist es egal, wie man heißt.
6. Mein zweiter Vorname ist Spaß. Aber dein Nachname ist Bremse.
7. Ich habe Schwierigkeiten, Namen zu behalten, darf ich Sie Arschloch nennen?
8. Für dich immer noch Mr. Arschloch, Kumpel!
9. Wie war noch mal Ihr werter Name? Ich vergesse den Sauhund immer.
10. Ich bin Robinson Crusoe. Ich warte auf Freitag.
11. Ach, sind Sie nicht der, der links nur einen Arm hat?
12. Ich bin ein Sonderling. Ich lache beim Zwiebelschneiden.

Korrekte Begrüßungsformeln an eine einzelne Person

1. Tach auch!
2. Guten Tacho!
3. Moinsen!
4. Hallöchen!
5. Schalömchen!
6. Sei gegruselt!
7. Hallihallo!
8. Hallodri!
9. Hallo Sportsfreund!
10. Hallo schöne Frau!

Smalltalk für Anfänger

1. Es gibt solche und solche Tage.
2. Was willste machen?
3. Erstens kommt es anders, zweitens als man denkt.
4. Andere haben es auch nicht leicht.
5. Das kannst du drehen und wenden, wie du willst.
6. Da streiten sich noch die Gelehrten.
7. Das lässt sich nicht mit Ja oder Nein beantworten.
8. Jetzt kommen wir aber vom Hund aufs Stöckchen.
9. Sieht nach Regen aus.
10. Aber dafür hatten wir im Mai drei schöne Tage.

Schlaue Sätze, wenn einem nichts einfällt, aber man trotzdem mitreden möchte

1. Wie sind wir jetzt überhaupt darauf gekommen?
2. Das hast du mich schon mal gefragt.
3. Warum, warum! Warum ist die Banane krumm?

4. Können wir mal über was anderes reden?
5. Wird das jetzt ein Verhör?
6. Das kannst du einem erzählen, der seine Hose mit der Kneifzange zumacht.
7. Ich weiß genau, worauf du hinauswillst.

Schlaue Sätze, wenn man eigentlich nichts zu sagen hat

1. Das wollte ich dich auch gerade fragen.
2. Hab ich noch nie drüber nachgedacht.
3. Damit kannst du mich jagen.
4. Kann ich nicht sagen, muss man nackt sehen.
5. Sorry, ich habe gerade eine SMS gekriegt.
6. In China ist ein Sack Reis umgefallen.
7. Und sonst so?

Wenn einem ums Verrecken nichts Geistreiches einfällt

1. Moment! Noch mal von vorn.
2. Lass uns mal darüber reden, wenn du nüchtern bist.
3. Alles kann, nichts muss.
4. Da gibt's bestimmt 'ne App für.
5. Um was geht's hier eigentlich?
6. Da muss man nur eins und eins zusammenzählen.
7. Lass dich mal feste drücken.

Wie man sich geschickt bei Gruppengesprächen einmischt

1. Ich lach mich weg.
2. Ich google das mal.
3. Man wird nicht jünger.
4. Man macht was mit.
5. Das wird schon wieder.
6. Da steckste nicht drin.
7. Wir dürfen nicht Äpfel mit Birnen vergleichen.
8. Haben Sie es schon mit Pflaumen versucht?
9. Passt schon.
10. Die Nacht ist noch jung.

Wenn man mitten im Gespräch einen dreifachen Salto rückwärts mit anschließender Schraube macht

1. Ach, ich wollte einfach mal was Neues ausprobieren.
2. Hält den Knorpel frisch.
3. Wer sagt denn, dass Marmelade keine Kraft gibt?
4. Mein Arzt hat mir Bewegung verschrieben.
5. Sorry, mein Medikament ist zu früh abgesetzt worden.
6. Entschuldigung, das hätte ich nicht tun dürfen.
7. Jeder Jeck ist anders.

Smalltalk für Fortgeschrittene

1. Nach dem Regen scheint die Sonne.
2. Jeder schimpft über das Wetter, aber keiner tut was dagegen.
3. Wer zuletzt lacht, lacht am besten.
4. Wer lesen kann, ist klar im Vorteil.
5. Die beste Erfindung seit geschnitten Brot.
6. Jede zweite Ehe wird geschieden, wenn nicht sogar jede dritte.
7. Hauptsache man ist gesund und die Haare liegen.
8. Das kann doch nicht alles gewesen sein.
9. Du siehst aus, als könnte ich einen Drink gebrauchen.
10. Guter Sex ist, wenn selbst die Nachbarn danach eine rauchen.

Antworten auf die Frage:
»Stört es dich, wenn ich rauche?«

1. Mich stört es nicht mal, wenn du brennst.
2. Von mir aus können Sie auch einen Handstand machen.
3. Rauchen ist eine dumme Angewohnheit.
4. Seit ich nicht mehr rauche, huste ich, aber das ist kein rechter Ersatz. *(Wolfgang Hildesheimer)*

> *Zwei Männer unterhalten sich über Austern.*
> *Sagt der eine: »Weißt du auch, dass Austern*
> *unerhört gut für die männliche Potenz sind?«*

»So doll sind sie nun auch wieder nicht.
Gestern habe ich ein Dutzend gegessen, und
nur neun haben gewirkt.«

Fragen an einen, der in Gesellschaft am laufenden Band Witze erzählt, ohne dass jemand darüber lacht

1. Ist dein Clownskostüm in der Reinigung?
2. Du hast wohl einen Clown gefrühstückt?
3. Hast du wieder am lustigen Stein geleckt?
4. Hast du Kasperwasser getrunken?
5. Hast du heute Nacht in der Witzkiste geschlafen?
6. Gibt's dich auch in witzig?
7. Hast du dich mit Quatschsalbe eingerieben?
8. Könnten Sie an Ihren freien Tagen nicht vorbeikommen und mir Vorträge über witzige Dialoge halten?

Wenn man einen Witz nicht zum Lachen findet

1. Kitzel mich!
2. Witz komm raus, du bist umzingelt!
3. Füße hoch, Witz!
4. Dass ich nicht lache!
5. Ich lach später.
6. Hahaha, ich lach morgen weiter.
7. Stimmung!

Antworten auf: »Sie haben überhaupt keinen Humor!«

1. Ich gehe zum Lachen in den Weinkeller.
2. Ich lache nicht, aber nur deshalb, weil lautes Lachen einen hohlen Verstand verrät.
3. Deutsche haben keinen Humor.
4. Humor ist, wenn man trotzdem nicht lacht.

Antworten auf: »Du hast eine große Ähnlichkeit mit Grantelbart/Scarlett Johansson oder [ein berühmter Name nach Wahl].«

1. Ach ja?
2. Was du nicht sagst.
3. Mach mich nicht schwach.
4. Hast du es nicht eine Nummer kleiner?
5. Ist das jetzt ein verspäteter Aprilscherz?
6. Das wollte ich schon immer nicht wissen.
7. Das ist mir doch völlig Piepenhagen.
8. Umgekehrt wird ein Schuh draus.
9. Ich nehme nur Botschaften für ihn/sie entgegen.
10. Glauben Sie ja nicht, wen Sie vor sich haben.

Mögen Sie Brahms?

Der Komponist Johannes Brahms war für seine Grobheit bekannt. Als er in Gesellschaft wieder einmal alle Leute mit bissigen Bemerkungen vor den Kopf gestoßen hatte, schien ihm sein unartiges Benehmen leidzutun. Er suchte nach einer Entschuldigung und fand diese:

»Sollte ich vergessen haben, irgend jemand zu beleidigen, so bitte ich hiermit um Verzeihung!«

Nachdem der junge Mann seine Partnerin zum fünften Mal über die Tanzfläche geschwenkt hat, fragt sie: »Sie tanzen wohl gern?« »Leidenschaftlich gern«, strahlt er. Darauf sie: »Und warum lernen Sie es dann nicht?«

Wie eine Dame die Aufforderung zum Tanz ablehnt

1. Zähl doch mal bis zehn, ich brauche eine Stunde Pause.
2. Ich tanze nicht mit kleinen Kindern.
3. Nicht vor dem ersten Schlaganfall.
4. Nicht für ein Pfund Wurst.
5. Nee, du, ich bin ganz Karussell in die Kopf.
6. Sorry, ich fühle mich gerade wie etwas, das die Katze angeschleppt hat.
7. Nein, danke. Ich habe gesehen, wie du tanzt; es sieht aus wie etwas, das man in der Walpurgisnacht treibt.
8. Ich bin kein Flughafen. Bei mir kann nicht jeder landen.
9. Bei mir Haltestelle, da kannst du lange warten.
10. Später!

Bekanntmachung!
Heute Abend singt für Sie das Niveau!
Wahl zur Ausredenkönigin!
In der Gaststätte Stegemann
Beginn der Veranstaltung: 20 Uhr
Um unpünktliches Erscheinen wird gebeten!
Der Vorstand

Smalltalk für Superfortgeschrittene

1. Ist es nicht merkwürdig, dass Mousse au chocolat viel besser schmeckt als Maus in Kakao?
2. Mit Pflaumen ist nicht gut Kirschen essen.
3. Mühsam ernährt sich das Eichhörnchen.
4. Man kann Pleite gehen, obwohl man gerade sein großes Geschäft macht.
5. Auch bei einer Steuererklärung gilt: Wer weniger angibt, hat mehr vom Leben.
6. Man hat es nicht leicht, aber leicht hat es einen, und wenn es einen hat, dann hat man es schwer.
7. Noch hängt die Unterhose nicht am Kronleuchter.
8. Jetzt geht's rund, erst die Oma, dann der Hund.
9. Es gibt solche und solche, aber mehr solche als solche.
10. Satz mit zwei Körperteilen: »Hals Maul«.

Wenn man anlässlich der Verleihung der Goldenen Sprüchenadel eine Rede halten muss

1. Unvorbereitet, wie ich mich habe.
2. Die Sache ist die, und der Umstand ist der.
3. Ich bin dafür, dass wir dagegen sind.
4. Wie ich bereits sagte: Ich wiederhole mich nie.
5. Sorry, hab einen Frosch im Hals.
6. Diese Auszeichnung erhalte ich unverdient. Aber das macht nichts. Ich habe ebenso unverdient Diabetes bekommen. *(Woody Allen)*
7. Preise sind wie Hämorrhoiden: Früher oder später bekommt sie jedes Arschloch. *(Billy Wilder)*

Gut gesagt
Es ist schon alles einmal gesagt worden, manches sogar zweimal.
(Unbekannter Schlagfertigkeits-Papst)

Bemerkungen, die helfen, die Zeit zu überbrücken, bis die Getränke kommen

1. Ganz im Vertrauen gesagt, ich werde von unsichtbaren Drähten gesteuert.
2. Auf dem Campingplatz in Bozen liegen die Waschräume separat. *(Loriot)*
3. Verraten Sie mir Ihr Sternzeichen nicht. Moment! Nichts sagen – Sie sind eine Waage. Sie müssen eine sein.

4. Je netter der Abend, desto später die Gäste.
5. Ich trinke Ouzo, was machst du so?
6. Das bisschen, was ich esse, kann ich auch trinken.
7. Mein Name ist Durst, und Sie finden mich da hinten an der Theke.

Antworten auf die Frage:
»Was willst du trinken?«

1. Ein Bier und was zum Trinken.
2. Ist mir wumpe, Hauptsache, es knallt und macht bunte Bilder.
3. Ist mir latte, Hauptsache, es brennt und macht schwindlig.
4. Bier her, Bier her, oder ich fall um.
5. Nein danke! Ich muss noch fahren!
6. Ich bin im Dienst.
7. Was habt ihr denn da?

»Papa, ich möchte auch ein Bier!«
»Erst wenn du erwachsen bist, Lukas.«
»Dann ist es lauwarm.«

Ausrufe beim Zuprosten oder Anstoßen

1. Pupille!
2. Prösterchen!
3. Stößchen!
4. Prostata!
5. Hopp, hopp, rin in Kopp!

6. Hau weg den Dreck!
7. Nich lang schnacken, Kopp in Nacken!
8. Schnaps ist gut für die Cholera!
9. Fisch muss schwimmen!
10. Hoch die Kannen!
11. Hoch die Tassen – in Afrika ist Muttertag!
12. Ein Toast auf unsere Männer und unsere Liebhaber. Möge der Bessere gewinnen! *(Frau Mohrmann beim Damenkränzchen)*
13. Ein Toast auf unsere Frauen und unsere Geliebten. Mögen Sie sich nie begegnen! *(Captain Jack Aubrey in der Kapitänskajüte)*

> *Die Ehefrau auf dem Heimweg von einer Party zu ihrem Mann: »Du hast heute Abend ja wieder einen Blödsinn geredet. Hoffentlich hat keiner gemerkt, dass du gar nicht betrunken warst.«*

Ausreden, um von einer langweiligen Party vorzeitig abzuhauen

1. Es ist schon schrecklich spät, und ich muss morgen schrecklich spät raus.
2. Ich denke, also bin ich ... hier falsch.
3. Hier stehe ich und kann auch anders. Zum Beispiel abhauen.
4. Ich muss gehen ... ich ... ich ... ich habe Kopfschmerzen.
5. Ich muss nach Hause, weil ich nach dem Kind/ dem Hund sehen muss.

6. Ich muss nach Hause, das ganze Bett voll Arbeit.
7. Ich muss dann mal weiter, ich habe jetzt noch Klavierunterricht.
8. Ich habe noch einen privaten Banktermin. Es geht um Immobilienfonds. Das interessiert mich sehr.
9. Ich würde gerne gehen, muss aber leider weg.
10. Ich empfehle mich zu Einkaufspreisen.
11. Scheiß Fete, wenn ich meine Hose finde, geh ich.

Nette Sätze für das Gästebuch

1. Ich hatte einen sehr schönen Abend. Es war nicht dieser, aber ich möchte nicht klagen.
2. Mein Dank wird dir ewig nachschleichen und dich nie erreichen.
3. Hab Dank für Speis und Trank.
4. Ich bedanke mich herz rechtlich für den netten Abend.
5. Vielen herzlichen Dank auch im Namen meiner Eltern.

15. Gesundheit und Fitness

Scherzhafte Bemerkungen im Fitness-Studio von Männern, die mit ihrer Körperkraft prahlen

1. Wo stehen die Klaviere?
2. Wo soll der Schrank hin?
3. Wo sind hier Möbel zu rücken und Klaviere zu stemmen?
4. Nicht kleckern, klotzen.
5. Ich ramm dich ungespitzt in den Boden.

> *Zwei Bekannte. »Wenn ich Kaffee trinke, kann ich nicht schlafen.«*
> *»Bei mir ist es genau umgekehrt – wenn ich schlafe, kann ich nicht Kaffee trinken.«*

Ausreden für Schnarcher

1. Ich glaub, mein Schwein pfeift!
2. Wenn du denkst, ich schnarche, dann liegst du voll daneben.
3. Wer schnarcht, sündigt nicht.
4. Sonst hörst du mir ja auch nicht zu!
5. Frauen zicken nur, weil sie auf Versöhnungssex stehen.

»Mein Mann hat jetzt das Rauchen
aufgegeben.«
»Dazu gehört aber ein starker Wille.«
»Keine Angst, den habe ich.«

Ausreden für Raucher

1. Ich rauche gern.
2. Solange ich rauche, trinke ich nicht.
3. Alle meine Freunde rauchen.
4. Ich kann jederzeit aufhören.
5. Machen Sie sich keine Sorgen um meine Gesundheit – ich paffe nur.
6. Lieber Gras rauchen als Heuschnupfen.
7. Beim Rauchen kommen mir die besten Gedanken. Und ich überlege gerade, ob Sie mir wohl
   eine Zigarette geben können – meine sind noch
   im Automaten.
8. Und bist du nicht willig, so rauch ich im Wald.
9. Alte Gewohnheiten sind nur schwer totzukrie-
   gen.
10. Sterben musst du sowieso, schneller geht's mit
    Marlboro.

»Raucht dein Gaul?«
»Nein!«
»Dann brennt dein Stall!«

Ausrufe des Rauchers, wenn die Bude vollgequalmt ist und jemand ein Fenster aufreißen will

1. Wohl wahnsinnig geworden! Dann zieht doch der ganze schöne Rauch raus.
2. Lieber im warmen Mief ersticken als im kalten Ozon erfrieren.
3. Erfroren sind schon viele, erstunken ist noch keiner.
4. Raucher sterben nicht an Krebs, sondern erfrieren auf dem Balkon.

Ausreden, wenn man Drogen nimmt

1. Das ist wohl die falsche Zeit, um mit dem Klebstoffschnüffeln aufzuhören!
2. Ich glaube, das ist nicht die Zeit, um mit dem Koksen aufzuhören!
3. Ich glaube, das ist eine schlechte Zeit, sich das Trinken abzugewöhnen!
4. Stress wird erst durch Drogen schön.
5. Alles so schön bunt hier.

Ausreden für den einsamen Trinker

1. Mit mir trinke ich am liebsten.
2. Der Klügere kippt nach.
3. Auf einem Bein kann man nicht stehen.
4. Bier, das nicht getrunken wird, hat seinen Beruf verfehlt.

5. Alle denken nur an sich. Nur ich denke an mich.
6. Woran ich immer denke, sind Frauen und Getränke.
7. Ich trinke kein Wasser. Da ficken Fische drin.
   (W.C. Fields)

Die hohe Kunst der Schlagfertigkeit (3)
»Du hast fünf Kilo Übergewicht, und das meiste sitzt am Bauch. Du hättest dir vor drei Jahren eine Brille zulegen sollen, aber du hast Angst, sie verschandelt dein Adlerprofil. Du hältst die fünf Blocks, die du jeden Abend nach Hause gehst, falls dir das Wetter zusagt, für hartes Training. Du bist jetzt fast bei drei Packungen täglich, hast einen Husten, der sich ganz nach einem Emphysem anhört, und wenn du vom Schnaps noch keine Säuferleber hast, dann nicht, weil du es nicht darauf angelegt hast. Du bist in einer jämmerlichen Verfassung«, sagte Padillo.
»Du hast mein Zahnfleisch vergessen«, antwortete McCorkle. »Das macht mir auch Sorgen.«
(zit. nach Ross Thomas, *Die Backup-Männer*)

Ausreden für Übergewichtige

1. Lasst mich doch fett sein, es kann doch nicht jeder beim Ballett sein.
2. Wenn Gott gewollt hat, dass ich in Ehren fett werde, werde ich in Ehren fett.

3. Glücklich ist, wer verfrisst, was nicht zu versaufen ist.
4. Lieber einen Bauch vom Trinken als einen Buckel vom Arbeiten.
5. Man geht nicht mehr ohne Bauch.
6. Man redet nicht über Gewicht, man *hat* Übergewicht.
7. Ich bin so frei und ess für zwei.
8. Ich habe meine Ernährung umgestellt. Die Chips stehen jetzt links neben dem Bett.

Antworten auf: »Du bist aber dick geworden!«

1. Ich bin nicht dick, ich habe Körpermumps.
2. Ich bin nicht dick, ich bin stattlich.
3. Ich esse wenig, aber oft, und dann viel.
4. Ich bin nicht dick – das sind nur die Schmetterlinge im Bauch, die ich habe, wenn ich dich sehe.
5. Ich bin nicht dick, das ist eine erweiterte erotische Nutzfläche.
6. Zu dick bin ich nicht, aber für mein Gewicht bin ich zu klein.
7. Ich bin dick – du bist doof. Ich kann abnehmen – und du?

»Sind Sie eigentlich schlanker geworden, seit Sie die Kalorien zählen?«
»Nö, aber ich kann besser rechnen.«

Antworten auf die Frage: »Hast du abgenommen?«

1. Hab ich noch nicht nachgeschaut.
2. O Gott, die Waage geht zehn Pfund vor.
3. Wo rohe Kräfte walten, da kann kein Knopf die Hose halten.
4. Ein guter Ficker wird nicht dicker.

> *»Du bist aber schlank geworden.«*
> *»Ich esse täglich nur eine chinesische Hühner-suppe.«*
> *»Mit Nudeln?«*
> *»Nein, mit Stäbchen.«*

Leichte Denkanstöße für dicke Menschen

1. Die ideale Diät: Morgens kein Frühstück, dafür verzichtet man mittags auf den Nachtisch und geht dann abends ohne Essen ins Bett.
2. Wer abnehmen möchte, sollte den Mund nicht immer so voll nehmen.
3. Wer abnimmt, hat mehr vom Telefon.
4. Querstreifen machen dick, Längsstreifen machen schlank, Funkstreifen machen Tatü-tata.
5. Du willst drei Kilo abnehmen? Putz dir mal die Zähne.
6. Warme Plätzchen vor dem Kamin machen nicht dick.
7. Wer Bewegung braucht, sollte statt des Fahrstuhls die Rolltreppe benutzen.

8. Butter ist pures Hüftgold.
9. Kartoffeln gehören in den Keller und nicht auf den Tisch
10. Bau lieber Kartoffelsalat an.
11. Du bist nicht zu fett. Schnapp dir zwei Stühle und setz dich zu uns.

Wenn man zu spät zur Klangschalenmassage kommt

1. Mein Kind hat mich im Badezimmer eingeschlossen und dann den Schlüssel runtergeschluckt.
2. Meine Katze hat gekotzt, als ich gerade los wollte.
3. Ich bin unterwegs von einem Pantomimen drangsaliert worden.
4. Mein Tee war zu heiß und musste noch abkühlen.
5. Sorry, ich konnte meine Haftschalen nicht finden.

Wenn man zu spät zum Gedächtnistraining kommt

1. Herrje, habe ich total vergessen.
2. Sorry, war im Internet! Und habe die Zeit vergessen.
3. Wusste nicht, dass wir heute schon verabredet waren.
4. Verzeihen Sie die Verspätung, aber ich bin zu spät.
5. Als das Bimmelfon telte, treppte ich die Rannte runter und türte gegen die Bums.
6. Oh, Verzeitung! Das ist heute nicht mein Tag.
7. Alzheimer hat auch was Gutes: Man lernt jeden Tag neue Leute kennen.

Kommt ein Mann zum Psychiater und klagt:
»Ich leide so darunter, dass man mich immer übergeht.«
Darauf der Psychiater: »Der Nächste, bitte!«

Schlagfertige Sprüche für die Psychosegruppe

1. Wie kann ich wissen, was ich denke, bevor ich gehört habe, was ich sage?
2. Jahrelang haben sie mich für dumm verkauft, dann habe ich es sofort gemerkt.
3. Warum heißt es Gebet, wenn ich zu Gott spreche, und Psychose, wenn Gott zu mir spricht.

4. Ich bin kein vollkommener Idiot – einige Teile fehlen mir noch.
5. Ich würde meine Fehler ja zugeben, wenn ich welche hätte.
6. Ich sage, was ich denke, damit ich höre, was ich weiß.
7. Ich bin schizo, in mir zieht's so.

»Herr Doktor, ich bin unsichtbar.«
»Wer spricht da bitte?«

Wenn man zu spät zur Selbsthilfegruppe »Unruhige Beine« an der VHS kommt

1. Was man nicht im Kopf hat, muss man in den Beinen haben.
2. Sorry, meine Beine haben sich verirrt – sie haben den Weg zur Volkshochschule nicht gefunden.
3. Hauptsache, man hat zwei gesunde Beine, um der Arbeit aus dem Weg zu gehen.
4. Lieber ein offenes Ohr als offene Beine.
5. Ich gehe jetzt in den Birkenwald, denn meine Pillen wirken bald.

Ein Mann kommt in eine Schreibwaren-
handlung: »Haben Sie eine Karte mit
Genesungswünschen für eine Frau, die sich
das Bein gebrochen hat?«
»Ja. Rechtes oder linkes Bein?«

Antworten auf: »Du bist alt geworden.«

1. Man ist so alt, wie man sich anfühlt.
2. Auf das Alter kommt es nicht an, außer du bist ein Käse. *(Luis Buñuel)*
3. Je älter die Frucht, desto süßer der Saft.
4. Ich bin nicht alt, ich bin ein Klassiker.
5. Ich fühle mich nicht alt. Bis mittags fühle ich gar nichts. Dann ist es Zeit für ein Nickerchen. *(Bob Hope)*
6. Mit jedem Tag, den ich älter werde, steigt die Anzahl der Leute, die mich am Arsch lecken können.
7. Mit zwanzig konnte ich Nächte durchmachen – jetzt bin ich schon müde, wenn ich aufstehe. *(Fritz Eycken)*
8. In jeder älteren Frau steckt ein junges Mädchen, das sich fragt, was zum Teufel passiert ist. *(Cora Harvey Armstrong)*
9. Altwerden ist nichts für Feiglinge. *(Mae West)*
10. Wer 100 Jahre raucht und trinkt, kann alt werden.

> *Zwei alte Männer sitzen auf der Bank.*
> *Sagt der eine: »Ja, ja.«*
> *Der andere: »Ja.«*
> *Ein Dritter setzt sich dazu und sagt:*
> *»Ja, ja, ja, ja.«*
> *Sagt der erste zum zweiten:*
> *»Lass uns gehen, der redet zu viel.«*

Ausreden für ein langes Leben von echten Hundertjährigen

- »Keine Hetze und täglich ein Glas Portwein.«
  (*Christian Strunkmann aus Flensburg, 104 Jahre*)
- »Jeden Tag zwei Zigaretten, ein Gläschen Portwein und abends ein Stückchen Schokolade.«
  (*Jeanne Calment aus Frankreich, 119 Jahre*)
- »Ich trinke jeden Morgen einen Schluck Whiskey.«
  (*Amerikanerin Sherin Yousaph Kuloo, 116 Jahre*)
- »Morgens nach dem Aufwachen und vor dem Einschlafen jeweils einen Schluck zwölf Jahre alten schottischen Whiskey trinken.«
  (*Teresa Lindahl aus Schweden, 109 Jahre*)
- »Ich trinke jeden Tag ein Glas geschmolzene Butter oder ein Glas Olivenöl.«
  (*Ari Zoabi aus Israel, 116 Jahre*)
- »Jeden Morgen um sechs Uhr aufstehen, als Erstes einen Schnaps mit Ei trinken. Danach am offenen Fenster zehn Kniebeugen. Ein Brötchen erst um neun Uhr.«
  (*Matthias Schoonhoven aus St. Hubertus am Niederrhein, 100 Jahre*)
- »Nur zwei Mahlzeiten am Tag. Ich denke, du solltest vom Tisch aufstehen, wenn du immer noch hungrig bist. Du gewöhnst dich daran, abends nichts zu essen, und stellst fest, wie gut du dich fühlst. Wenn du Leuten nur vermitteln könntest, nicht so verflixt viel zu essen.«
  (*US-Bürger Walter Bruening, 114 Jahre*)

- »Viel Schafskäse essen und mittags und abends ein bis zwei Gläser Rotwein.«
  (Schafhirte Antonio Todd aus Sardinien, 111 Jahre)
- »Früh aufstehen und einen Getreideschnaps vor dem Schlafengehen.«
  (Izumi Shigechiyo aus Japan, 105 Jahre)
- »Täglich zwei Gläser warmen Reiswein trinken.«
  (Japanerin Tane Ikai, 115 Jahre)
- »Täglich einen Schluck Branntwein.«
  (Charlotte Hughes aus England, 115 Jahre)
- »Morgens einen Sekt, mittags ein Bier und abends einen Wein. Deshalb bin ich so alt geworden.«
  (Marinus Keller aus Deutschland, 100 Jahre)
- »Zigaretten, Whiskey und wilde, wilde Frauen.«
  (Engländer Henry Allingham, 113 Jahre)
- »Ich habe täglich ein Mittagsschläfchen gemacht und war nie nervös.«
  (Joan Riudavets Moll von der Balearen-Insel Menorca, 112 Jahre)
- »Ich habe nie geraucht, niemals getrunken und immer viel gearbeitet.«
  (André Doyen aus Frankreich, 109 Jahre)
- »Maßhalten, gut leben, anderen helfen und viele Freunde haben.«
  (Annie Scott aus Schottland, 110 Jahre)
- »Bete und arbeite und sei nicht faul, zahl deine Steuern und halt dein Maul.«
  (Gärtnermeister Georg Bretzschneider aus Brandenburg, 106 Jahre)

Scherzfrage

Was ist sieben Meter lang und hat elf
Zähne? – Eine Polonaise im Altenheim.

16. Krankheit, Kirche und Tod

Klare Sätze für den Sehtest beim Augenarzt

1. Ich glaub, ich hab Tinnitus im Auge – ich seh nur Pfeifen.
2. Ich verstehe auch ohne Brille.
3. Ausgerechnet die Leute, die dauernd ihre Brille suchen, haben auch noch schlechte Augen.
4. Autofahren ohne Brille – das schärft die Reflexe

> *»Herr Doktor, Herr Doktor, ich sehe alles doppelt!«*
> *Doktor: »Setzen Sie sich erstmal aufs Sofa.«*
> *Patient: »Auf welches?«*

Sätze, die man von seinem Zahnarzt nicht so gerne hört

1. Das wird gleich etwas wehtun. Beißen Sie einfach die Zähne zusammen und lassen Sie den Mund möglichst weit auf!
2. Ganz weit aufmachen!
3. Wenn Sie wüssten, was ich im Monat verdiene, würde es Ihnen leichter fallen, den Mund offen zu halten.
4. Das wird jetzt ein bisschen wehtun.
5. Ihre Zähne sind wie die Sterne – so schön gelb und so weit auseinander.

6. Ihre Zähne sind in Ordnung, aber das Zahn-fleisch muss raus.
7. Nicht vergessen: Zähne putzen – morgen ist Pferderennen!
8. Sie können dann ausspülen!

»Und wie geht's Ihren Zähnen nachts?«
»Keine Ahnung, wir schlafen getrennt!«

Ausreden, wenn man sich auf dem Rückweg von der Raucherecke den Arm bricht

1. Das kommt alles vom Rauchen.
2. Lieber Arm dran als Arm ab.
3. Arme gibt's genug.
4. Aber morgens, dieser Druck auf meinen Bron-chien, dieser Auswurf, das kann doch nicht normal sein.

Der Urologe zum Patienten: »Herr Weber,
zum letzten Mal, Sie müssen mit dem
Onanieren aufhören.«
»Warum?«
»Damit ich Sie untersuchen kann.«

Wenn man am Burnout-Syndrom leidet

1. Wenn ich die Kraft hätte, würde ich nichts ma-chen.
2. Früher habe ich mich vor der Arbeit gedrückt, heute könnte ich stundenlang zuschauen.

3. Ich stehe das ganze Jahr früh auf, nur nicht morgens.
4. Ich schlafe am Tag und will nachts meine Ruhe haben.
5. Ich schlafe abends früh ein, und morgens stehe ich spät auf, aber am Nachmittag liege ich stundenlang wach.
6. Die ersten fünf Tage nach dem Wochenende sind die schlimmsten.
7. Niemand kümmert sich darum, wenn es dir schlecht geht, da kannst du genauso gut glücklich sein. *(Cynthia Nelms)*

Herr und Knecht

Der Herr rief: »Lieber Knecht,
mir ist entsetzlich schlecht!«
Da sprach der Knecht zum Herrn:
»Das hört man aber gern!«
(Robert Gernhardt/F. W. Bernstein)

Wenn man an einer Herbst-Winter-Depression leidet

1. Alles nicht so einfach, wenn man's doppelt nimmt.
2. Bei leichten Depressionen hilft ein Bad mit ätherischen Ölen, bei schweren eines mit Fön.
3. Aus ist's – ich stürz mich aus dem Kellerfenster.
4. Ich werfe mich vor einen Krankenwagen.
5. Bin mal gespannt, ob es diesmal klappt.

6. Vielleicht ist hinterm Weltall noch eine Blumenwiese.
7. Hasch mich, ich bin der Frühling.

> *»Herr Doktor, ich denke immer, dass ich ein Hund bin.«*
> *»So, dann legen Sie sich mal auf die Couch.«*
> *»Ich darf nicht auf die Couch.«*

Wenn man nach 18 Jahren aus dem Wachkoma aufwacht

1. Entschuldigung, kann ich bitte mal das Salz haben?
2. Ich hätte gern ein weiches Ei.
3. Ich glaube, ich hab das Bügeleisen brennen lassen.
4. Brot für die Welt, Kuchen für mich.
5. Wenn ich 13 Millionen Mark hätte, würde ich eine davon wegwerfen, nur um sicherzugehen, dass ich kein Pech hätte.
6. Kannst du dein Haus nicht mehr erspähen, wird es Zeit zum Rasenmähen.
7. Höre ich da ein leises Mutti?

> *Kommt eine Frau zum Arzt und sagt: »Herr Doktor, ich habe einen Knoten in der Brust.« Sagt der Arzt: »Wer macht denn so was?«*

Bemerkungen, die helfen, die Zeit im Wartezimmer beim Hausarzt zu versüßen

1. Kalt duschen soll helfen.
2. Die beste Krankheit taugt nichts.
3. Nichts hält so lange wie ein Provisorium.
4. Lieber ein Schwimmbecken als ein Tennisarm.
5. Besser dreimal lachen als einmal zum Arzt.
6. Man darf Ärzte nicht respektieren. Das sind alles ehemalige Medizinstudenten. *(Graham Chapman)*
7. Wenn alle gegen Grippe geimpft sind, brauche ich mich nicht impfen zu lassen.

Antworten während der ärztlichen Behandlung auf die Frage: »Tut das weh?«

1. Nein, sollte es das denn?
2. Ja, aber ein Indianer kennt keinen Schmerz.
3. Gleich schrei ich laut *Kakao*!
4. Es tut höllisch weh.
5. Mit dem Stehen geht's gut, nur mit dem Gehen steht's schlecht.
6. Ach, es ist schön, wenn der Schmerz nachlässt.
7. Schmerz ist Ansichtssache.

Krankheiten aus der Sicht von Patienten

Kreislaufprobleme	Pudding in den Beinen haben
in Ohnmacht fallen	mir geht's kariert
Durchfall	der flotte Otto
Hämorrhoiden	Der Bandwurm schielt
Niedergeschlagenheit	Die Himbeeren sind verhagelt
begriffsstutzig sein	schwer von Kapito sein
ängstlich sein	blümerant um die Rosette sein
Gelbsucht	mit einem Chinesen Brüderschaft getrunken haben
Menstruation der Frau	Besuch von Tante Kathi
Filzläuse bei der Frau	Schamlippenantilopen
Filzläuse beim Mann	Matrosen am Mast
vorzeitiger Samenerguss	kalter Bauer
von Geschlechtskrankheit befallener Penis	sich die Gießkanne verbiegen
Tripper	Blumenkohl
Schwache Harnblase	Sextanerblase
Schweißfüße	Käsemauken
Darmspiegelung	Große Hafenrundfahrt machen

Ausreden der Ärzte

1. Der Patient ist supranasal übersichtlich struk-
   turiert. (*statt*: Der Patient ist dumm wie drei
   Reihen Feldsalat.)
2. Der Patient leidet unter unstillbarer Logor-
   rhoe. (*statt:* Der Patient quatscht zu viel.)
3. Der Patient leidet an einer Adipositas perma-
   gna. (*statt:* Der Patient ist stark übergewichtig.)
4. Der Patient leidet an Morbus Bahlsen. (statt:
   Der Patient geht einem tierisch auf den Keks.)
5. Der Patient leidet an Bradyphrenie. (statt: Der
   Patient ist zu blöd, um alleine aus dem Bus zu
   winken.)
6. Extra muros. (*statt:* Der Arzt möchte außerhalb
   des Zimmers mit einem Kollegen über den Patienten lästern.)
7. Der Patient ist ein Gomer. (*statt*: Der Patient ist
   ein alter Sack. Seine Beine sind grau, seine Ohren sind leer, seine Augen sind alt und gebeugt.
   Er kann nicht geheilt werden.)
8. Schwester, bei diesem Patienten sofort eine
   forcierte Balneotherapie bei externem Pigment
   einleiten. (*statt:* Der Patient stinkt wie ein Iltis
   und muss dringend gewaschen werden.)
9. Flatus transversus. (*statt*: Dem Patienten fehlt
   nichts, er ist kerngesund.)
10. Carpe diem! (*statt:* Wer gesund ist, wurde bloß
   noch nicht gründlich untersucht.)

Der Kellner liegt schon ziemlich lange auf
dem Operationstisch, aber die Operation
verzögert sich weiter. Ein Arzt eilt herbei.
Kellner: »Herr Doktor, ich habe fürchterliche
Schmerzen, tun Sie doch endlich was!«
Arzt: »Bedaure, nicht mein Tisch!«

Sinnvolle Vorschläge für das lautlose Gebet im Gottesdienst

1. Lieber Gott, lass es Freitag werden, wenn's geht, am Montag.
2. Lieber Gott, lass es Abend werden, wenn's geht, noch vor dem Frühstück.
3. Lieber Gott, wir danken dir für gar nichts; wir haben alles selbst bezahlt. *(Bart Simpson)*
4. Lieber Gott, ich bin klein, mein Herz ist schmutzig. Ich könnt schon wieder – ist das nicht putzig.
5. Lieber Gott, nimm es hin, dass ich was Besond'res bin. Und gib ruhig einmal zu, dass ich klüger bin als du. Preise künftig meinen Namen, denn sonst setzt es was. Amen. *(Robert Gernhardt)*

»Warst du heute in der Kirche?«
»Ja.«
»Hat der Pfarrer lange gesprochen?«
»Ja.«
»Und worüber hat er gesprochen?«
»Das hat er nicht gesagt.«

Scherzfrage

Warum gehen Ameisen nicht in die Kirche? –
Weil sie In-Sekten sind!

Ausreden vom Stellvertreter Gottes

1. In nur sieben Tagen die Welt erschaffen – natürlich ist Gott eine Frau.
2. Als Gott den Mann erschuf, war sie sternhagelvoll.
3. Als Gott den Mann erschuf, probierte sie nur.
4. Als Gott den Mann erschuf, hat sie bloß geübt.
5. Gott ist nicht tot, sie hat nur keinen Parkplatz gefunden.

Papst und Päpstin sitzen beim Frühstück.
»Wenn nur die Eier nicht dauernd so weich
wären«, mault die Päpstin.
»Hauptsache«, lächelt der Papst, »der
Hammer ist hart!«

Saloppe Bemerkungen, wenn das letzte Stündlein geschlagen hat und der Sensenmann kommt

1. Gleich klatscht das hier, aber kein Beifall.
2. Hast du schon mal versucht, mit gebrochenen Fingern deine Zähne einzusammeln?
3. Hast du schon mal das Buch gelesen »Wie esse ich ohne meinen Unterkiefer?«

4. Hast du schon mal aus einem Gipsverband gelacht?
5. Schon mal einen Liter Blut durch die Nase ge-
   spendet?
6. Es müsste doch möglich sein, dass wir uns ar-
   rangieren.
7. Dir häng ich den Arsch aus!
8. Sensenmann, verpiss dich, keiner vermisst dich!
9. Deine Mutter steht vor Aldi und säuft Wurst-
   wasser.
10. Fang mich doch, Eierloch!

Manfred Helmes

*Manfred Helmes sitzt an seinem Tisch und
trinkt sein Bier. Es klopft.*
Manfred Helmes: »Herein.«
*Der mit einer Sense bewaffnete Tod tritt ein.
Manfreds Haare richten sich vor Entsetzen
auf. Der Tod tritt immer näher. Manfred
Helmes schaut wie gelähmt auf ihn. Der Tod
greift nach Manfred Helmes' Bierglas, trinkt
es aus und versucht mit kühnem Sensen-
schwung den Kopf von Manfred Helmes' Leib
zu trennen. Manfred Helmes duckt sich zur
rechten Zeit, so dass ihm der Tod nur sein zu
Berge stehendes Haar abmäht.*
*Manfred Helmes erhebt sich: »Mein Bier
aussaufen, meine Haare abmähen – das
macht man nicht mit einem Manfred
Helmes. Da ist die Tür.«*

Der Tod geht und schließt die Tür hinter sich.
Manfred Helmes: »Ist doch wahr.«
(F.K. Waechter)

Gut gesagt

Der Teufel hat seine Großmutter erschlagen,
weil er keine Ausrede mehr wusste.
(Gott)

Unglaublich, aber wahr!

Die erste Ausrede steht in der Bibel

Und Adam versteckte sich mit seinem Weibe vor dem Angesicht Gottes des Herrn unter den Bäumen im Garten. Und Gott der Herr rief Adam und sprach zu ihm: Wo bist du? Und er sprach: Ich hörte dich im Garten und fürchtete mich; denn ich bin nackt, darum versteckte ich mich. Und er sprach: Wer hat dir gesagt, dass du nackt bist? Hast du nicht gegessen von dem Baum, von dem ich dir gebot, du solltest nicht davon essen? Da sprach Adam: Das Weib, das du mir zugesellt hast, gab mir von dem Baum, und ich aß. Da sprach Gott der Herr zum Weibe: Warum hast du das getan? Das Weib sprach: Die Schlange betrog mich, so dass ich aß.
(Der Sündenfall [Genesis 3,8–13])

Die zehn Gebote der Schlagfertigkeit

1. Du sollst keine anderen Sprüchepäpste haben neben mir.
2. Du sollst mit den Hühnern reden, dann kriegst du die Eier umsonst.
3. Du sollst dich nicht ansprechen lassen – und wenn, nimm Geld.
4. Du sollst deines Vaters Sohn und deinen Mutterwitz ehren.
5. Du sollst nicht langweilen.
6. Du sollst nicht radebrechen.
7. Du sollst nicht durcheinanderreden, denn sonst ist dir morgen wieder schlecht.
8. Du sollst dir den besten Spruch nicht für den Sonntag aufbewahren.
9. Du sollst dich nicht vom lieben Gott erwischen lassen.
10. Du sollst immer das letzte Wort haben.

Das elfte Gebot heißt: Lass dich nicht verblüffen.

Der Arzt, zu einem dringendem Hausbesuch gerufen, wird an der Haustür von einer schluchzenden Frau empfangen:
»Sie kommen umsonst, Herr Doktor!«
»Nicht umsonst, nur vergebens.«

Wenn man zu spät zur eigenen Beerdigung kommt

1. Ich musste noch das Katzenklo saubermachen.
2. Der Leichenwagen sprang nicht an.
3. Ich hatte mich ausgesperrt und musste auf den Schlüsseldienst warten.
4. Ich geriet leider in einen Stau. Zum Glück war ich der Vorderste, sonst wäre es noch später geworden.
5. Ich hatte zu tun, sonst wäre ich schon eher gekommen.
6. Mich haben ein paar betrunkene Rabauken belästigt. Sie waren zu dritt.
7. Entschuldigen Sie, dass ich geboren bin, es soll nicht wieder vorkommen.
8. Lassen Sie mich Arzt, ich bin durch!

Letzte Worte ...

... eines Kapitäns: »Das Schiff ist unsinkbar!«

... eines Dachdeckers: »Scheiß Sturm heute!«

... eines Fallschirmspringers: »Scheiß Motten!«

... eines Postboten: »Du bist aber ein lieber Hund.«

... eines Sportlehrers: »Alle Speere zu mir!«

... eines Türstehers: »Nur über meine Leiche.«

... eines Beifahrers: »Links ist frei, und rechts kommt auch einer.«

... eines Gastes im Restaurant: »Ich nehme das Pilzragout.«

... eines Elektrikers: »Ist da Strom drauf?«

... eines Fischzüchters: »Ach, die Piranhas sind völlig harmlos. Passen Sie auf, ich zeig es Ihnen.«
... eines Architekten: »Ach herrje, da fällt mir gerade was ein.«
... eines Astronauten: »Nein, nein, mein Sauerstoff reicht noch über eine Stunde.«
... eines Wattwanderers: »Oh, meine Uhr ist stehengeblieben.«
... eines Bigamisten: »Der Kaffee schmeckt heute so komisch!«

> *Ein zum Tode Verurteilter wird nach seinem letzten Wunsch gefragt. »Eine Tasse Kaffee, bitte!«*
> *»Und wie viel Stücke Zucker möchten Sie?«*
> *»Zucker? Mann, sind Sie wahnsinnig! Ich bin Diabetiker!«*

Umschreibungen für Sterben

... den Löffel abgeben
... den Schirm zumachen
... über den Regenbogen gehen
... die Radieschen von unten begucken
... die Gänseblümchen nach oben klopfen
... den Stoffwechsel einstellen
... auf Torfatmung umstellen
... den letzten Kringel scheißen
... das Gebläse zukneifen
... ins Gras beißen
... sich ein Autogramm von Gott holen

Ein Kapuziner begleitete einen Schwaben bei sehr regnichtem Wetter zum Galgen. Der Verurteilte klagte unterwegs mehrmals zu Gott, dass er, bei so schlechtem und unfreundlichem Wetter, einen so sauren Gang tun müsse. Der Kapuziner wollte ihn christlich trösten und sagte: du Lump, was klagst du viel, du brauchst doch bloß hinzugehen, ich aber muss, bei diesem Wetter, wieder zurück, denselben Weg. – Wer empfunden hat, wie öde einem, auch selbst an einem schönen Tage, der Rückweg vom Richtplatz wird, der wird den Ausspruch des Kapuziners nicht so dumm finden.
(Heinrich von Kleist)

Letzte schlagfertige Sprüche

1. Setzen Sie eine rote Rose auf mein Grab. Ich mag keine Schnittblumen. Ich seh die Dinger gern wachsen.
2. Hier ruhen meine Gebeine, ich wünscht', es wären deine.
3. Im Großen und Ganzen wäre ich lieber in Philadelphia. *(W.C. Fields)*
4. Wenn Albert ruht, albert Ruth. Und wenn Albert albert, ruht Ruth.
5. Spaß muss sein bei der Beerdigung, sonst geht doch keiner hin.
6. Wer auf meiner Beerdigung weint, mit dem rede ich nie wieder ein Wort. *(Stan Laurel)*
7. Und jetzt Champagner für die Pferde!

Ein sehr reicher alter Mann diktiert auf dem Krankenbett sein Testament. Er verfügt, dass auf seiner Beerdigung die Wiener Philharmoniker spielen sollen. Der Rechtsanwalt nickt. »In Ordnung. Was möchten Sie hören?«

Antworten auf die Frage nach dem Sinn des Lebens

1. Das Leben ist eine Hühnerleiter, man macht viel durch.
2. Das Leben ist kein Ponyhof, aber auch kein Katzenklo.
3. Das Leben ist kein Wunschkonzert.
4. Das Leben ist keine Waldorfschule.
5. So ist das Leben. Der eine kommt nach Paris, der andere nicht.
6. Das Leben ist eine Pralinenschachtel. Man weiß nie, was man bekommt.
7. Das Leben ist ein Scheißspiel, aber die Grafik ist saugeil.
8. Das Leben ist eine unsichere Sache. Iss den Nachtisch zuerst.
9. Das Leben ist wie eine Achterbahn. Mal wird dir schlecht, mal willst du noch mal fahren.
10. Das Leben ist eine Rutschbahn, und dann stirbt man.

»Warum sind Sie denn nicht zu Lipinskis Beerdigung gekommen?«
»Warum sollte ich? Der kommt ja auch nicht zu meiner.«

17. Ämter und Behörden

Wenn man vergessen hat, die Steuererklärung abzugeben

1. Mein Steuerberater hatte einen Bandscheibenvorfall, der demnächst operativ behandelt werden muss.
2. Meine Mutter hatte Geburtstag, und ich hab den Termin einfach vergessen.
3. Aus irgendeinem Grund bin ich nicht dazu gekommen.
4. Ich hatte eine Lebensmittelvergiftung.
5. Ich musste zu einer Gegenüberstellung bei der Polizei.

> *Der Steuerprüfer zur Empfangsdame:*
> *»Ich möchte gerne Ihren Chef sprechen!«*
> *»Der ist nicht da.«*
> *»Aber ich habe ihn am Fenster gesehen.«*
> *»Er Sie auch.«*

Halbkluge Sätze für den »Idiotentest« beim TÜV

1. Nun komm schon, Gehirn: Du magst mich nicht, und ich mag dich nicht. Aber da müssen wir jetzt leider durch. Danach werde ich dich auch wieder kräftig mit Bier ersäufen. *(Homer Simpson)*

2. Ich hab noch nie Fahrerflucht begangen. Ich musste immer weggetragen werden.
3. Ich bin nicht unter Alkohol gefahren – ich habe den Wagen nur rollen lassen.
4. Eine Kiste Bier ist was für zwei Männer, wenn einer nicht mittrinkt.
5. Sechs Bier – eine Mahlzeit.
6. Bier auf Wein, das lass sein. Wein auf Bier, das rat ich dir.
7. Die wärmsten Jäckchen sind die Conjäckchen.

Wenn der Gerichtsvollzieher kommt

1. Wir haben nichts, wir geben nichts, wir wollen nichts.
2. Werde zusehen, dass ich Sie irgendwo in meinem dicht gedrängten Terminkalender unterbringe.
3. Jetzt nicht, ich meditiere gerade.
4. Wir sollten aufhören, uns hier zu treffen.
5. Ich möchte Sie in Zukunft duzen.
6. Du verschönerst jeden Raum beim Verlassen.
7. Achtung, Stolperdraht!

Zwei Rechtsanwälte treffen sich.
Fragt der eine: »Na, wie geht's denn so?«
Sagt der andere: »Schlecht, ich kann nicht klagen.«

Schutzbehauptungen der Polizei

1. Wir ermitteln in alle Richtungen.
2. Hier, trinken Sie, das wird Ihnen guttun.
3. Bitte weitergehen, hier gibt es nichts zu sehen.
4. Wahrscheinlich ein stumpfer Gegenstand.
5. Näheres nach der Obduktion.
6. Wir müssen den Bericht der Ballistik abwarten.
7. Wir müssen das Ergebnis der DNA-Analyse abwarten.
8. Falls Ihnen noch was einfällt, rufen Sie uns an.

Friedrich der Große

Der sarkastische Humor des Alten Fritz war sprichwörtlich. So sagte er zu einem Dachdecker, der bei Ausbesserungsarbeiten am Turm der Nicolaikirche ausgerutscht und auf den Platz gefallen war: »Wenn Er nichts vom Dachdecken versteht, braucht Er oben nicht herumzuturnen.«

Ein Bauer bekam den Witz des Königs ebenfalls zu spüren. Weinend stand er vor seinem gerade abgebrannten Hof, als der König vorbeikam.

»Was heult Er?«, fragte der Alte Fritz listig, »verbrannt ist verbrannt.«

Schluchzend sagte der Bauer, daß seine Frau und seine fünf Kinder ein Raub der Flammen geworden seien. Darauf fiel selbst dem schlagfertigen König kein Witzwort ein, und er ritt ärgerlich davon.
(*Robert Gernhardt*)

>*Angeklagter, sind Sie in das Kaufhaus eingebrochen?*«
>*Ja, Herr Richter.*«
>*Und warum dreimal?*«
>*Ich habe einen Mantel für meine Frau gestohlen, und dann musste ich ihn zweimal umtauschen.*«

Chuzpe

Jemand hat Vater und Mutter erschlagen, steht vor Gericht und sagt: »Ich bitte um mildernde Umstände, ich bin Vollwaise.«

Wie man vor Gericht seine Unschuld beteuert

1. Ich war's nicht!
2. Man hat mich reingelegt.
3. Ich wollte nur aufs Klo.
4. Ich war zur Tatzeit im Stadion. Das können achtzigtausend Zuschauer bezeugen.
5. Sie bellen den falschen Baum an, Herr Richter!
6. Ich habe damit nichts zu tun und bin so rein und unschuldig wie frisch gefallener Schnee.
7. Ach, reden Sie doch nicht so geschwollen, Euer

Ehren. Welche Beweise haben Sie denn gegen mich?

8. Fragen, nichts als Fragen, Herr Richter. Wäre es nicht besser gewesen, Sie hätten sich vorher über den Fall informiert?

9. Mein japanischer Diener wird Ihnen bestätigen, dass ich die fragliche Nacht zu Hause verbracht habe.

10. Mit wie viel T schreibt man unschuldig? *(Homer Simpson)*

»Glauben Sie mir, Herr Richter, ich bin unschuldig.«
»Ja, ja, das sagen alle.«
»Nun, wenn es alle sagen, muss es wohl stimmen.«

Wenn man sich einem Lügendetektortest unterziehen muss

1. Frag mich was Leichtes!
2. Ich verstehe nur Bahnhof.
3. Das ist zu hoch für meinen flachen Entenkopf.
4. Ich sage immer die Wahrheit, sogar wenn ich lüge.
5. Ich kann weder gicks noch gacks sagen.

18. Seltsame Sachen

Wenn man beim Junggesellenabschied auf einem Elefanten durch die Stadt reitet

1. Entschuldigung, wie komme ich nach Rüsselsheim?
2. Was glotzt ihr so? Bin ich Kino?
3. Beachten Sie mich einfach nicht. Ich wollte Sie nur beeindrucken.
4. Achtung! Das ist der Moment, wo der Elefant sein Wasser lässt: Damen und Herren, die nicht schwimmen können, wollen bitte auf die Kisten steigen.

Zwei Kühe liegen auf der Weide.
Die eine sagt: »Muuh!«
Da sagt die andere: »Das wollte ich auch gerade sagen.«

Treffen sich zwei Tiere im Wald.
Fragt das eine: »Was bist denn du für ein Tier?«
»Ich bin ein Wolfshund. Meine Mutter war ein Hund, und mein Vater ein Wolf.«
»Ah ja.«
»Und du, was bist du für eins?«
»Ich bin ein Ameisenbär.«
»Och komm.«

Wie man Einladungen zum Abi- oder Klassentreffen im Heimatkaff absagt

1. Ich kann nicht kommen, weil ich nach Las Vegas muss – die Sonne putzen.
2. Ich kann nicht kommen, weil ich zum Quartalsende keinen Urlaub bekomme und außerdem nicht von den Bahamas mal einfach so rüber fliegen kann.
3. Meine Katze hat Geburtstag, und ich hab ihr versprochen, mit ihr zu feiern!
4. Ich sitze lieber in meinem Zimmer und gebe dem Radio freche Antworten.
5. Ich werde durch Abwesenheit glänzen.
6. Fällt aus wegen Bodennebel.
7. Fällt aus wegen is nich.

Klasse Sätze für das Klassentreffen

1. Deine Klamotten sehen echt toll aus! Hast du sonst noch was auf dem Sperrmüll gefunden?
2. Hast du den Pulli aus der Altkleidersammlung?
3. Wenn ich dich sehe, denke ich: Gott hat keinen Humor.
4. Schicker Anzug. Wohl ein holländisches Modell – Van der Stange.
5. Schöner Anzug. Gibt's den auch in deiner Größe?
6. Jedes Mal, wenn ich dich anschaue, frage ich mich: Was wollte die Natur uns damit sagen?

7. Ich vergesse nie ein Gesicht, aber in deinem Fall will ich mal eine Ausnahme machen.
8. Ich soll dich vom Niveau grüßen, ihr seht euch ja nicht so oft.

Scherzfrage

Was ist grün und fetzt mit 200 Sachen über eine Wiese? – Eine ferngesteuerte Essiggurke.

Flapsige Bemerkungen beim Schrebergartenfest

1. Raum ist in der kleinsten Hütte.
2. Gras wächst nicht schneller, wenn man daran zieht.
3. Wer Möhren will, muss wühlen.
4. Der Apfel fällt nicht weit vom Birnbaum.
5. Anarchie ist machbar, Herr Nachbar.
6. Hasen sind gute Mathematiker. Wurzelziehen können sie jedenfalls.
7. Zwischen Tulpen und Narzissen hat ein kleiner Hund geschissen.
8. Duckt euch, die Pilze schießen.

Ein Mann mit einem Pinguin an der Leine fragt aufgeregt den Polizisten an der Ecke: »Was soll ich tun? Mir ist ein Pinguin zugelaufen, und ich weiß nicht, wohin mit ihm.« »Gehen Sie doch in den Zoo«, rät der Polizist.

Am nächsten Tag trifft der Wachtmeister den
Mann wieder – immer noch mit dem Pinguin.
»Wie war denn das im Zoo?«, erkundigt er
sich besorgt.
Der Mann: »Ach, ganz nett. Und heute gehen
wir ins Kino.«

Astreine Antworten auf die Frage: »Wie kommt Kuhscheiße aufs Dach?«

1. Ja, wie kommt denn der Spinat aufs Dach? Die Kuh kann doch nicht fliegen.
2. Der Dachdecker hieß Kuhscheiße.
3. Hat sich Kuh auf Schwanz geschissen, Scheiße dann mit Schwung aufs Dach geschmissen.
4. Wenn das Dach an den Hang anlehnt.
5. Das ist ja wohl nicht der Moment für Ratespiele.

Ausreden, wenn man zu spät zur betrieblichen Weihnachtsfeier kommt

1. Ich hab die Tür vom Adventskalender nicht aufgekriegt.
2. Ich habe noch auf ein Päckchen für den Nachbarn warten müssen.
3. Tut mir leid, es ist etwas später geworden, aber meine Frau hatte ihre falschen Wimpern in der Kühlschranktür eingeklemmt.
4. Mein Auto war eingeschneit, sodass ich es nicht finden konnte.

5. Das Schloss meines Garagentores war einge-
   froren.

Antworten auf die Frage eines mittellosen Studenten: »Entschuldigung, benötigen Sie einen Weihnachtsmann?«

1. Ich glaube noch an den Weihnachtsmann.
2. Ich glaube nicht mehr an den Weihnachtsmann
3. Ich bin der Weihnachtsmann.
4. Ich sehe aus wie der Weihnachtsmann.

Besinnliche Sätze, nicht nur zur Weihnachtszeit

1. Wäre Maria hart geblieben, wäre uns Weihnachten erspart geblieben.
2. O Tannenbaum, o Tannenbaum, wer hat die
   Nadeln abgehaun?
3. Es ist ein Ross entsprungen, der Stall ist leer.
4. Weg mit Weihnachten! Josef hat alles gestanden.
5. Soll die Bescherung glücklich sein, lass öfter
   mal Schlawiner ein. *(Bernd Eilert)*
6. Von draußen vom Walde komm ich her, und
   ich muss euch sagen, es ist einfach nur arsch-
   kalt.
7. Was soll man mit einem Weihnachtsbaum,
   wenn nichts dranhängt.
8. Warum feiern wir immer dann Weihnachten,
   wenn die Geschäfte so voll sind?

9. Die meisten Leute feiern Weihnachten, weil die meisten Leute Weihnachten feiern.
10. Weihnachten kommt nur einmal im Jahr – bin ich froh, dass ich nicht Weihnachten bin.

Prima Ideen für den Wunschzettel

1. Lieber Weihnachtsmann, ich wünsche mir ein neues Jahr, das alte ist kaputt!
2. Zu Weihnachten wünsche ich mir ein dickes PLUS auf dem Konto und ein dickes MINUS auf der Waage! Und bitte, lieber Weihnachtsmann, vertausch den Scheiß nicht wieder.
3. Lieber Weihnachtsmann! Ich wünsche dir einen steifen Arm, Durchfall und kein Klopapier.
4. Ich wünsche mir ein warmes Futter für meine Jacke.
5. Ich wünsche mir eine Miezekatze.

Gute Vorsätze für das neue Jahr in der Silvesternacht

1. Nicht rauchen, nicht trinken, nicht fluchen... Verdammte Scheiße, jetzt ist mir die Zigarette in mein Bierglas gefallen.

2. Entweder pünktlich sein oder geil aussehen.
3. Ich wäre lieber reich als sexy, aber was soll man machen?
4. Vergesslich? – Dann machen Sie im neuen Jahr doch einfach ein Dingsbums in ihr Dingsbums.
5. Ich möchte ein Teil einer Jugendbewegung sein.
6. Ich brauche dringend einen größeren Balkon, damit ich besser zum Volk sprechen kann.
7. Der gute Vorsatz ist ein Gaul, der oft gesattelt, aber nur selten geritten wird.

Geheimnisvolle Sprüche für Glückskekse

1. Es ist verdammt einsam im Sattel, seit das Pferd tot ist.
2. Wer ein Bad nimmt, sollte wenigstens die Dusche stehenlassen.
3. Wer Hundefleisch isst, braucht sich nicht zu wundern, wenn der Magen knurrt. *(chinesische Weisheit)*
4. Meditieren ist immer noch besser als rumsitzen und nichts tun.
5. Mach die Augen zu – alles, was du siehst, gehört dir.

Antworten auf die amtliche Ankündigung: »Am 08.04.2017 ist Weltuntergang – passt Ihnen der Termin?«

1. Es passt alles hinten und vorne nicht mit dem Termin. Außerdem feiert Christina Lammers ihren 50. Geburtstag, da muss ich hin, sonst gibt es Ärger.
2. Ich bin leider auf einer Fortbildung.
3. Das geht gar nicht. Hallo? Meine Großeltern feiern an diesem Tag Goldene Hochzeit.
4. Wenn's keine Umstände macht, wären 14.04., 28.04. oder 02.05.2017 günstiger für mich.
5. Ich bin leider verhindert. Ausführliche Ausrede folgt.

Kleiner Scherz am Rande

Eine ältere Dame ruft die Feuerwehr an:
»Es brennt ! Es brennt ! So kommen Sie doch! Es brennt ! Es brennt !«
Fragt der Feuerwehrmann: »Wie kommen wir denn zu Ihnen?«
Fragt die Dame: »Ja, haben Sie denn nicht mehr diese kleinen roten Autos?«

Wussten Sie schon …

… dass in Irland die Frauen eine Ausrede schneller zur Hand haben als eine Schürze?

... dass in Spanien eine Ausrede die kleine Schwester der Lüge ist?

... dass die Eskimos tausend Wörter für Schnee und keines für Schlagfertigkeit haben?

Das Wandbild und das Passbild

Ein Wandbild prahlte einmal vor einem Passbild: »Schau mich mal an, wie groß ich bin. Drei ausgewachsene Frauen können mich mit ihren Armen nicht umspannen, und oben reiche ich bis unter die Decke. Wenn man dagegen dich betrachtet – dich kann ja jeder in die Tasche stecken.«

Doch kaum hatte er ausgeredet, als ein sehbehinderter Kauz in voller Fahrt gegen das Wandbild rauschte und einen Schaden von ca. 1200 Mark anrichtete.

Da schüttelte das Passbild traurig sein Haupt und sagte: »Tz, tz, tz.«

Moral: Wer in einem solchen Fall keine schlagfertige Erwiderung auf Lager hat, ist selbst dran schuld, wenn ihn jeder in die Tasche stecken kann.

(Robert Gernhardt)

19. Wetter, Klima und Zeit

Antworten auf die Frage:
»Sie sind ja ganz nass. Regnet es?«

1. Nein, ich schwitze stark!
2. Nein, ich war gerade unter der Dusche.
3. Nein, es regent. *(bremisch)*
4. Ja, es regnet Bindfäden.
5. Petrus schifft.

> *Im tiefsten Afrika. »Was tun Sie da?«,*
> *fragt der Tourist den trommelnden*
> *Eingeborenen.*
> *»Wir haben seit Tagen kein Wasser!«*
> *»Aha, und nun rufen Sie den Regenmacher?«*
> *»Nein, den Klempner.«*

Schlagfertige Sprüche bei Regenwetter

1. Man muss ja auch an die Landwirtschaft denken.
2. Es ist gut für den Weizen.
3. Das wird dem Garten guttun.
4. Wenn es regnet, gießt es.
5. Es strömt in Gießen.
6. Es klärt sich auf zum Wolkenbruch.
7. Besser Regen als gar kein Wetter.
8. Es gibt kein schlechtes Wetter, nur schlechte Kleidung.

9. Egal, wenn's heute regnet, ist ja sowieso schlechtes Wetter.
10. Mir geht's gut, wenn's regnet, weil wenn es mir nicht gut geht, regnet es auch. *(Karl Valentin)*

Gut gegeben

> *»Bei so einem Scheißwetter wollen Sie doch nicht ausgehen?«*
> *»Ich bin Arzt!«*

Schlagfertige Sprüche bei Sonnenschein

1. Viel zu warm für die Jahreszeit.
2. Es ist nicht die Hitze, die einen fertigmacht, es ist die Feuchtigkeit.
3. Fensterputz bei Sonnenschein bringt dir nur Enttäuschung ein.
4. Ein Wetter zum Heldenzeugen.
5. Ein Wetterchen zum Eierlegen.
6. Das ist nackt noch zu heiß!
7. Zu viel Sonne macht albern.

> *Ein Tourist fragt den Bürgermeister des Dorfes: »Ist das Klima hier gesund?«*
> *»Und ob«, versichert der Bürgermeister, »wir mussten unseren ältesten Einwohner vergiften, um endlich den Friedhof einweihen zu können.«*

Wussten Sie schon ...

... dass es heute sicher viel kühler wäre, wenn es nicht so warm wäre?

... dass es heute bestimmt viel wärmer wäre, wenn es nicht so kalt wäre?

... dass es nachts kälter ist als draußen?

... dass bei Einbruch der Nacht mit Dunkelheit zu rechnen ist?

> *Zwei Freunde treffen sich. Mahnt der eine:*
> *»Ich habe dir im Herbst 100 Euro geliehen,*
> *und du hast mir versprochen, sie mir im*
> *Winter zurückzugeben.«*
> *»Stimmt«, sagt der andere, »aber mal*
> *ehrlich – war das ein Winter?«*

Antworten auf die Frage, ob heute der soundsovielte Tag des Monats ist

1. Den ganzen Tag und abends mit Beleuchtung – wenn nichts dazwischen kommt! Für einige vielleicht.
2. Tut mir leid, ich bin auch nicht von hier.
3. Heute ist der erste Tag vom Rest deines Lebens.
4. Haben wir heute Bauernmesse?

In Holstein hat es seit Wochen nicht mehr
geregnet. Da erinnert sich der alte Hinnerk
an eine Bauernregel. Er holt eine Säge, setzt
sie an sein linkes Bein und beginnt zu sägen.
Kaum tropft das Blut, da fängt es auch an zu
regnen. »Stimmt«, sagt Hinnerk, »sich sägen
bringt Regen.«

Zehn Bauernregeln für alle Wetter

1. Kräht der Gockel auf dem Mist, ändert sich's Wetter, oder es bleibt, wie's ist.
2. Kräht der Bauer auf dem Mist, hat sich wohl der Hahn verpisst.
3. Riecht's im Kleiderschrank nach Bier, war der Knecht hier.
4. Raschelt es im Stroh, ist der Bauer irgendwo.
5. Und kommt im März die Sommerzeit, ist's länger hell für Schwarzarbeit.
6. Das macht den Bauern gar nicht froh, wenn's regnet in sein Cabrio.
7. Verliert der Bauer im September die Hose, so war schon im August das Gummiband lose.
8. Wenn es draußen windet und wettert, der Bauer auf die Bäuerin klettert.
9. Wenn's Silvester stürmt und schneit, ist Neujahr nicht mehr weit. Stürmt und schneit's Silvester nicht, ist Neujahr auch in Sicht.
10. Wenn sich das Jahr dem Ende neigt, der Bauer in die Wanne steigt.

Bäuerin: »Die Magd kriegt ein Kind.«
Bauer: »Das ist ihre Sache.«
»Sie sagt, es sei von dir.«
»Das ist meine Sache.«
»Und was soll ich jetzt machen?«
»Das ist deine Sache.«

Horoskop für diese Woche
Widder 21.3. – 20.4.
Baden allein genügt nicht. Man muss auch ab und zu das Wasser wechseln.
Stier 21.4. – 20.5.
Was du heute kannst besorgen, ist morgen vielleicht schon überflüssig. Staubsaugen kannst du also noch nächste Woche.
Zwillinge 21.5. – 21.6.
Bloß weil du an Verfolgungswahn leidest, musst du nicht glauben, dass sie nicht hinter dir her sind.
Krebs 22.6. – 22.7.
Es macht nichts, wenn etwas schiefgeht. Hauptsache, du findest einen, der schuld ist.
Löwe 23.7. – 22.8.
Wenn du Probleme mit dem Kreislauf hast, einfach mal geradeaus laufen.
Jungfrau 23.8. – 23.9.
Wenn du glaubst, du hast das Glück, dann zieht das Glück seinen Arsch zurück.
Waage 24.9. – 23.10.
Falls du Kettenbriefe in der Post findest, denke da-

ran: Nur die Briefe kommen ins Altpapier, die Ketten kommen in die gelbe Tonne.

Skorpion 24.10. – 22.11.
In dir schlummert ein Genie, nur das Biest wird leider nicht wach.

Schütze 23.11. – 21.12.
Versuche nicht das letzte Wort zu haben – du könntest es bekommen.

Steinbock 22.12. – 20.1.
Verschwinde sofort! Es ist alles rausgekommen!

Wassermann 21.1. – 18.2.
Schon wieder drei Sekunden deines Lebens sinnlos verschwendet.

Fische 19.2. – 20.3.
Wenn du wüsstest, was Mona Lisa wusste, würdest du auch grinsen.

Neue Sternzeichen

Brikett
Waschlappen
Rehstreichler
Parkhausblinker
Weichpupe
Musikantenstadl-Mitklatscher
Trockenfurzer
Schattenparker
Beipackzettelleser
Strohsternbastler

Treffen sich zwei Studenten.
»Wie spät isses denn?«
»Mittwoch!«
»Sommer- oder Wintersemester?«

Wenn jemand unpünktlich ist

1. Pünktlich wie die Bahn.
2. Timing ist auch keine Stadt in China.
3. Wer nicht kommt zur rechten Zeit, der muss sehn, was übrig bleibt.
4. Pünktlichkeit ist die Höflichkeit der Könige.
5. Pünktlichkeit ist eine Zier, doch weiter kommt man ohne ihr.

Antworten auf die Frage: »Entschuldigung, wie viel Uhr haben wir denn?«

1. Also, ich hab eine – wie viele Uhren haben Sie denn?
2. Genauso spät wie gestern, nur 24 Stunden später.
3. Es ist Montagmorgen, zehn nach acht, und die Woche will wieder kein Ende nehmen.
4. Es ist 16 Uhr 30 halb fünf!
5. Kurz nach fünf vor!
6. Hat gerade halb geviertelt.
7. Seit ich in Therapie bin, habe ich Probleme mit der zeitlichen Zuordnung.
8. Meine Sonnenuhr sagt: Wir haben dunkel.

9. Halb nackt – Zeit zum Anziehen!
10. Zeit für ein Bier.
11. Zeit, dass du's Maul hältst.
12. Wer hat an der Uhr gedreht? Ist es wirklich schon so spät? *(Paulchen Panther)*

Ausreden des Autors, warum an dieser Stelle das Buch aufhört

1. Man soll aufhören, wenn's am schönsten ist.
2. Alles hat ein Ende, nur die Wurst hat zwei.
3. Meine Putzfrau hat versehentlich den Netzstecker vom Rechner gezogen.
4. Der Verlag wollte nicht mehr als 240 Seiten.
5. Welches Buch?
6. Mir sind die Ausreden ausgegangen.
7. Mein Computer hat einen Virus.
8. Ich habe eine Schreibblockade.
9. Ich hab so Rücken.
10. Für heute habe ich den Kaffee auf.

Service für den Leser

Raum für eigene Ausreden

_____

_____

_____

_____

_____

_____

_____

_____

_____

_____

_____

_____

_____

_____

_____

_____

_____

Dank

Der Autor möchte sich bei den folgenden Leuten für ihre Einfälle und Ausreden bedanken: Doris Arndt, Thomas Bertram, Klaus Bittermann, Joachim Jessen, Peter Köhler, Gerhard Kromschröder und Lars but not Lisa Bernd Eilert. Falls dieses Buch nicht abgeht wie 'n nasser Drache, ist es womöglich ihre Schuld.

Literaturverzeichnis

Allen, Woody: *Nebenwirkungen*, München 1981

Appel, Andrea: *Die Katze im Sack kommt mir spanisch vor*, Berlin 1987

Arndt, Karin: *Pardon. Das Buch der Ausreden und Entschuldigungen*, München 1986

Bahner, Hans: *Da beißt die Maus keinen Faden ab*, Leipzig und München 2005

Beck, Gloria: *Komplimente*, München 2011

Bernstein, F.W.: *Reimweh*, Stuttgart 1994

Bierce, Ambrose: *Des Teufels Wörterbuch*, Zürich 1986

Bittermann, Klaus: *Möbel zu Hause, aber kein Geld für Alkohol*, Berlin 2011

Borghorst, Hans: *Alles paletti & coole Socke. Die Jugendsprache der 80er*, Oldenburg 2011

Borghorst, Hans: *Knutschbude & Heiße Höschen. Die Jugendsprache der 70er*, Oldenburg 2011

Borghorst, Hans: *Pilzköpfe & Bettblümchen. Die Jugendsprache der 60er*, Oldenburg 2011

Borghorst, Hans: *Tanzmaus & Lehrerschreck. Die Jugendsprache der 50er*, Oldenburg 2011

Borneman, Ernest: *Sex im Volksmund*, Reinbek bei Hamburg 1991

Bosch, Gerald: *Schlaue Ausreden für alle Fälle*, Ravensburg 2010

Bräuer, Hermann/Nagel, Oliver: *101 Dinge, die Sie sich schenken können*, München 2012

Brauerhoch, Jürgen: *Nie mehr verlegen!*, Reinbek bei Hamburg 1986

Bredemeier, Karsten: *SchlagFertigkeit. Das Arbeitsbuch*, Zürich 2003

Chandler, Raymond: *Der große Schlaf*, Zürich 1974

Dahms, Christoph/Dahms, Matthias: *Die Magie der Schlagfertigkeit*, Wermelskirchen, 3. Aufl., 2004

Dehe, Astrid/Engstler, Achim: *Kafkas komische Seiten*, Göttingen 2011

Droste, Wiglaf/Rattelschneck: *In 80 Phrasen um die Welt*, Hamburg 1992

Dudenredaktion (Hrsg.): *Redewendungen und sprichwörtliche Redensarten*, Mannheim u. a. 1992

Ebert, Wolfgang/Potter, Stephen: *Pottern, die hohe Kunst, das letzte Wort zu haben*, Hamburg 1994

Ehmann, Hermann: *Endgeil. Das voll korrekte Lexikon der Jugendsprache*, München 2005

Einzlkind: *Gretchen*, Berlin 2013

Erfurth, Hanns: *Die besten Ausreden für alle Gelegenheiten*, Niederhausen/Ts. 2000

Fechner, Marco: *Die besten Ausreden für alle Gelegenheiten*, Augsburg 2006

Fechner, Marco: *Nerv-Deutsch/Deutsch-Nerv*, Leipzig 2006

Friedman, Kinky: *Zehn kleine New Yorker*, Berlin 2010

Fritsch, Gisela: *Die besten Ausreden*, Wien o. J.

Gast, Ulla: *Der Geist ist willig, das Fleisch will ich auch*, Frankfurt am Main 1991

Gast, Ulla: *Ich will dich doch nicht leiden lassen*, Frankfurt am Main 1992

Gast, Ulla: *Mußte mal die Sau rauslassen*, Frankfurt am Main 1988

Gast, Ulla: *Die Wahrheit hältst Du doch nicht aus!*, Frankfurt am Main 1990

Gernhardt, Robert: *Die Blusen des Böhmen*, Frankfurt am Main 1977

Gernhardt, Robert/Bernstein, F.W.: *Besternte Ernte*, Frankfurt am Main 1976

Gernhardt, Robert/Bernstein, F.W./Waechter, F.K.: *Die Wahrheit über Arnold Hau*, Frankfurt am Main 1974.

Gernhardt, Robert/Bernstein F.W./Waechter, F.K.: *Welt im Spiegel. Wims 1964-1976*, Frankfurt am Main 1979

Goy, Gerhild: *Ausreden, nichts als Ausreden*, München: GILT-Verlag, 1969

Groening, Matt: *Bart Simpsons Tips & Tricks für alle Lebenslagen*, Stuttgart 2008

Grün, Anselm: *Einreden*, 21. Aufl., Münsterschwarzach 2001

Hau, Willi (Hrsg.): *Sponti-Sprüche*, Frankfurt am Main 1981

Hau, Willi (Hrsg.): *Sponti-Sprüche No. 2*, Frankfurt am Main 1982

Hauck, Elias/Bauer, Dominik/Tetzlaff, Michael: *Bin ich Jesus?*, München 2011

Henning, Gregor: *Der Kardinal trug rote Slipper*, Köln 1981

Hildbrand, René (Hrsg.): *Faule Ausreden*, Bern 1984

Hoppe, Ulrich: *Von Anmache bis Zoff*, München 1984

Kenzelmann, Peter: *Schlagfertig mit dem richtigen Zitat*, Wien 2006

Klemm-Gallas, Aribert: *500 Ausreden für Ehemänner*, Bad Homburg vor der Höhe 1984

Köhler, Peter: *Das Anekdotenbuch*, Stuttgart 1997

Köhler, Peter: *Das Nonsens-Buch*, Stuttgart 1990

Köhler, Peter: *Das Witzbuch*, Stuttgart 1993

Küpper, Heinz: *Illustriertes Lexikon der deutschen Umgangssprache in 8 Bänden*, Stuttgart 1982–84

Küpper, Marianne/Küpper, Heinz: *Schülerdeutsch*, Hamburg und Düsseldorf 1972

Latimer, Jonathan: *Leiche auf Abwegen*, Zürich 1988

Latimer, Jonathan: *Rote Gardenien*, Zürich 1991

Latimer, Jonathan: *Wettlauf mit der Zeit*, Zürich 1990

Leonard, Elmore: *Road Dogs*, Frankfurt am Main 2012

Loriot: *Das Frühstücks-Ei*, Zürich 2003

Maaß, Wilfried (Hrsg.): *Witz der Woche*, Hamburg 1987

Marx, Groucho: *Schule des Lächelns*, Frankfurt am Main 1981

Metes, Jörg/Rubinowitz, Tex: *Die sexuellen Phantasien der Kohlmeisen*, Köln 1996

Moritz, Eduard (Hrsg.): *Sponti-Sprüche No. 3*, Frankfurt am Main 1983

Müller-Michaelis, Matthias: *»Als ich auf die Bremse treten wollte, war sie nicht da«*, Berlin 2007

Müller-Thurau, Claus Peter: *Lass uns mal 'ne Schnecke angraben*, Düsseldorf und Wien 1983

Mundmische – Spass an Umgangssprache & Sprichwörtern. Online-Portal: www.mundmische.de

Neff, Brigitte: *72 Ausreden für Golfer*, München 2010

Nöllke, Matthias: *Schlagfertig. Die 100 besten Tips*, 2. Aufl., Freiburg 2012

Nöllke, Matthias: *Schlagfertig. Trainer*, 3. aktualisierte Aufl., Freiburg 2009

Nowotny, Valentin: *Die neue Schlagfertigkeit*, Göttingen 2009

Paulun, Dirks: *Is doch gediegen*, Hamburg 1973

Pöhm, Matthias: *Das NonPlusUltra der Schlagfertigkeit*, 7. Aufl., München 2007

Probst, Alfred: *Amideutsch*, Frankfurt am Main 1989

Ramond, Frank: *Große Jungs*, Audio CD. Hamburg: 105 Music, 2009

Rühmkorf, Peter: *Über das Volksvermögen*, Reinbek bei Hamburg 1984

Schiffner, Benjamin/Sonneborn, Martin: *Quatsch und mehr*, Köln 2012

Skinner, Dave/Paker, Henry: *Pottwal im Weg*, Frankfurt am Main 2010

Snyder, C.R./Higgins, Raymond L./Stucky, Rita J.: *Ausreden*, München 1990

Spardosenterzett: *Für immer*, Tonträger (CD). Hamburg: Hörkunst (Indigo) c/o Antje Kunstmann Verlag, München 2000

Stengel, Richard: *Handbuch für Schmeichler & Arschkriecher*, München 2001

Strunk, Heinz: *Die Zunge Europas*, Reinbek bei Hamburg 2010

Thomas, Ross: *Die Backup-Männer*, Berlin 2012

Thurber, James: *Gesammelte Erzählungen*, Reinbek bei Hamburg 1971

Waechter, Friedrich Karl: *Sehr witzig! Szenen und Bilder*, Stuttgart 2000

Waechter, Friedrich Karl: *Waechter*, Zürich 2002

Willen, Günther: *Niveau ist keine Hautcreme*, Berlin 2008

Wodehouse, P.G.: *Lustige Geschichten*, Zürich 1964

Wolf, Ror: *Die heiße Luft der Spiele*, Frankfurt am Main 1980

Wolf, Ror: *Punkt ist Punkt*, Frankfurt am Main 1971

Wolf, Ror: *Die Vorzüge der Dunkelheit*, Frankfurt am Main 2012

Zittlau, Dieter J.: *Schlagfertig kontern*, 2. aktualisierte Aufl., Hannover 2011

Register